窪塚洋介の人生攻略本

JN045368

子どもの頃、
熟読してたゲームの攻略本。
そいつを読んじゃえば、
わりと順調に強くなり先に進める、
子どもにしてみたら魔法の書。
「そんなんズルくねぇ？ つまんなくねぇ？」
って、ディスってくるやつもいた。
まぁ、一理あるけどね。
わかるわかる。

でも、もしもだぜ？

「人生攻略本」みたいな、
幸せになるための攻略本
がこの現実に本当にあったとしたら
どうする？

読んでみたいと思わないか？

それは聖書とか仏教の教えとか
そういう類のそれではなく、
今、ここに生きる俺たちの言葉で書かれた本。

ガキの頃、学校の図書館を探してみても、
町の本屋、古本屋を探してみても、
究極の「人生攻略本」は
なかなか見つからなかった。

だから俺は、
音楽、漫画、映画、本、
道端の広告、先輩たちの言葉、家の教え、etc…

とにかく、この胸にぶっ刺さった
いろいろな言葉や思想、哲学とかを
片っ端からノートに書きつけて、
自分の肚に落とし込んでいったんだ。

いつのまにか、その積み重なったモンが、
人生の核を作り出していくことを知らずに。

別に「早くクリアしたい」わけじゃない。
要は「早く強くなりたい」ってことだったと思う。
遠回り、無駄にこそ"生きる意味"とか
そのピュアな実感が隠れてるなんて
気がつくはるか前の話。

強くなったら、目の前の霧が晴れて、
その先の世界がまた見えてくる。
新しい景色に浸っていると、
向こうにはまだ霧があることに気づく。

史上最年少での日本アカデミー賞 最優秀主演
男優賞受賞も、レゲエDeejayを始めたことも、
ハリウッドデビューも、
なんなら9階のベランダから落っこちたってことも、
我が子を授かったことだってそう。
その繰り返しを今もまだ続けてる。

霧はあるけどキリはない。
誰かの為なんて義理もない。
まさに、果てしない冒険。
今もその真っ最中。

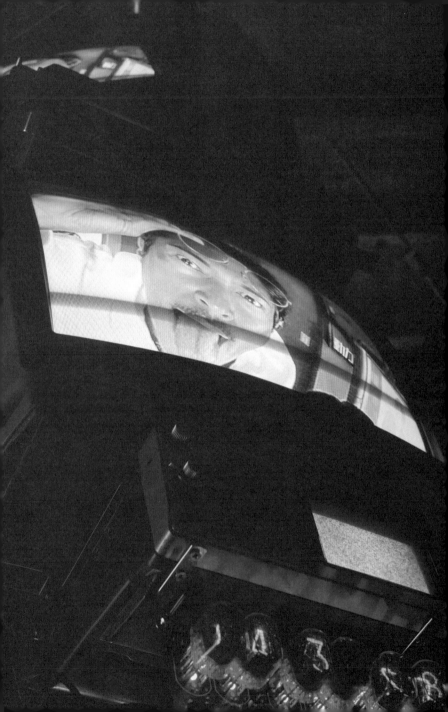

何か気づけば書き足して、
考えが変われば書き直し、

歳を重ねた樹木の年輪のように、
芯はブレずに。大きく太く頑丈に。

受け入れ方、
受け止め方、
対応の仕方、
切り抜け方、

言葉を、経験を積み重ね、
しなやかで強い根を
人生の歴史の中に張り巡らせる。

ここまで、紆余曲折、上下左右、
急転直下もあったけど、
今も、あの日描いた未来の延長線上にいる。

これからの窪塚洋介も、
積み重ねた攻略法を研ぎ澄まし続け、

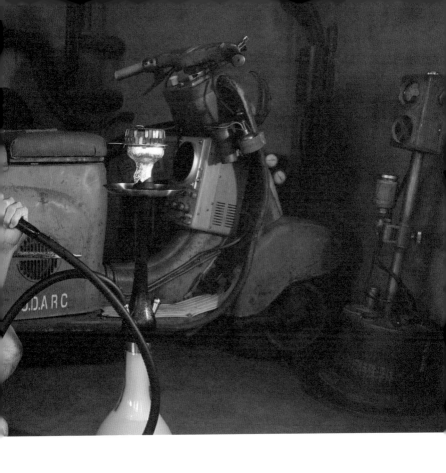

上へ、先へ、奥へ、
人生を進めてゆく。

仕事、家族、お金、時間、
自己、仲間、社会、、、
人生もそれぞれ。
悩みもそれぞれ。

でも、大切なことは
意外にシンプルなんだろう。

さっき言ったことと矛盾するが、
それは先人や聖人たちがすでに
すべて記してくれてるのかも。

何て言ったら伝わるのか、
どうやったら響くのか、
最大公約数っていうか、

ものすごい確率でみんなに合う
ってものは確かにある。

俺が今感じている そんなことを、
役者として、モデルとして、
ミュージシャンとして、
夫として、親父として、
そして、"窪塚洋介"個人として。
書き留めておくことにする。

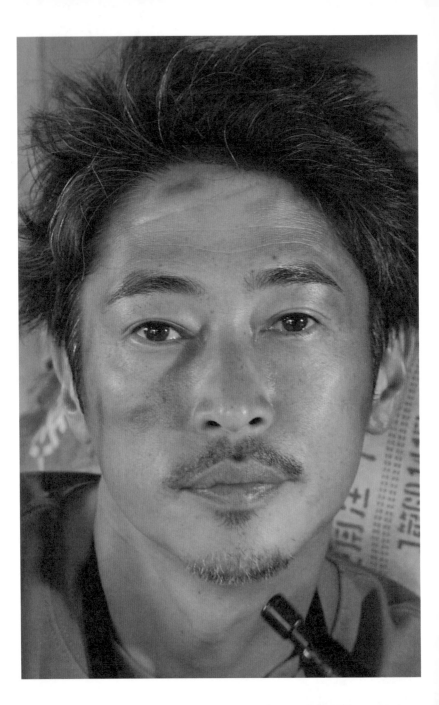

俺なりのコドナの言葉で記す
「人生攻略本」を。

窪塚洋介の人生攻略本

第 1 章

第 2 章

INDEX

第３章

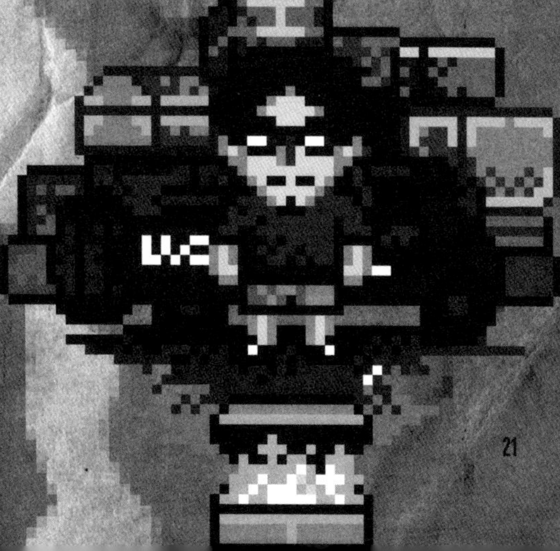

TODAY IS THE BEST

最高

毎日が全盛期だろ

マンションから落っこったあと、

『放浪』を書いたときはまだゼロに戻ってなくて、
事故のことも笑って話せる感じじゃなかった。

その２年後に『放尿』の制作でタイに行ったときに、
やっとゼロに戻った。
ちょうど、プラスでもマイナスでもない、ゼロだから、
どうとでもスタート切れるって状態。

またその２年後に『放流』で南米に行ったときは、
今が一番いい、って感じてて。

で、さらにその２年後、
『コドナの言葉』を書いたくらいのときは、
「信じた道はレッドカーペットに繋がってた」って。

振り返ってみれば、
２年毎に、人生のステージが着実に変わっていった。

まぁ、
全部結果なんだけど、
振り返ってみると、立ち止まってないなって思う。

ていうか常に最高を更新してる。

2年前、4年前にも
「今が最高」って言ってたけど、
その【最高】よりも、
今、この瞬間は、もっと最高になってる。

まぁ過去にいろんなことがあり、
その起こった出来事は変えられないけど、
それに対して自分が持つイメージってのは変えられる。

例えば、俺がマンションから落っこったことを、
やきもきしたり、後ろめたいって思ってたりした時代ってのは
確かにあったけど、それがだんだんだんだんなくなってきて。

マーティン・スコセッシ監督の『沈黙－サイレンス－』の舞台挨拶、
ジャパンプレミアがあった日の朝、
新大阪から新幹線に乗って東京に向かったんだけど、雪降っててさ、
関ヶ原の辺って平野で、見通しのいい、見渡せる場所があんだけど、

そこが一面銀世界で。真っ白だった。

それを見たときに、
「あぁ、新しいステージ
今日から始まるわ」
って心底思ったんだ。

【今日から】だって。
【よし、やるぞ】って。

新しいフェーズ、
新しいステージに入ったってのが視覚的に象徴的にキタ。
「あぁ、ほんと生きててよかった」ってなったよ。
するとさ、マンションから落っこったってことが、
落っこっちゃった、じゃなくて、あぁ、落っこちれた、
落っこってよかった、
あれがなかったら俺今ここに居ねーもんな、ってなるんだよ。

過去がオールオッケーになる。
そのチカラってすごいんだ。

ってことは、この感じで、
常に「今が最高だ」っていられるように生きていけば、
あらゆることを乗り越えていける。
だから思い込みでもいいから、信じ抜くこと。
今が一番いいと。
現実の方が心に追いついてくるから。

この先に何があるか知らんけど、
それもこれも、一見嫌なことも、
例えば風邪をひくことも、例えばコロナ茶番騒動も、
例えば、戦争や災害すらも、
起こるべくして起こってて、
自分を成長させるための、
次のステージにゆくためのチャンスを渡されてる。

それをパスポートと思うか、
最低最悪だって思うか、
それによって、
未来の角度がマジで違う。

常に最高、常にバッチリ、
いいのいいの、良くなるためのことだから、
っていうつもりで生きていきたいなあって。

どっかで、
ガキの頃からそうやって思ってたとこあったかもしんないけど、
自分の実体験だったり、
そういう生き様の人たちを目の当たりにしてここまで来て
確信してる。

それって
絶対にまちがいのない、
"宇宙の真理"だと思ってる。
そこはブレずにいきたい。

でも、

例えば俺がふとマチュピチュでカフェやりたいって思ったとして、

本当にやるかなーって思うと、

やりたいなって思っても踏み出さないこともけっこうある。

無理をしてないというか。

自分の自然な流れの中で
やっていけるかどうか。

自然体だから一番チカラが出ると思うから、

そこを自分の温度というか、

"バランス感覚"を合わせるというのが、

すごい大事なんじゃないかな。

TIME

時間

"ときのはざま"と書いて"じかん"と読む

子どもの頃、
毎日違うことする
仕事がしたいと思ってた。

うちの親父がサラリーマンだったから、
まぁサラリーマンをディスる気はないんだけど、
毎日、同じ会社行って、同じような仕事して、
それは俺多分無理だわ、この人生で、
ってのは小さい頃から直感で思ってた。
あと誰かのために誰かの下で働くことも無理だと思ってた。

そういうのもあって
芸能界っていうのに興味を持った部分もあったと思うのね。
きっと毎日違う人生で、一度たりとも同じ波はない、て。
サーファーが言うじゃん。
「一本も同じ波なんてない」ってさ。

俺らの仕事って、もうちょっと違うっていうかさ。
今日は取材だけど、初めましての人たち、とか。
今日からこの映画、とか。
同じようなことをやってそうなんだけど
わりとバリエーションが豊かな仕事で。

だからそう思うと、

毎日を新鮮な気持ちで生きるっていうのを、
しやすいところにいるんだろうな、とは思う。

それがすごく大事なことなんだと思う。

やりたいことがあるやつには、
時間ってたっぷりあって、
やりたいことがないやつには、
時間がないっていう矛盾。

あぁヤベーもう夕方だ、とか、
もう1日終わっちゃった、とか、
何にもやってねぇや、とか。

それをずーっと続けてるやつって、
一生がその感覚になるっていうかさ。

何かやってるときのほうが、
時間が間延びしてくれるっていうかさ。

矛盾してるようなんだけど、
やることがいっぱいあるから、
時間がなくなるような気がするけど、
実はそのほうが時間を体感して、
時間がたくさんあるように感じて、
なーんにもしねぇで、とかやってるほうが、
あっという間に時間は過ぎ去る。

リゾートでぼーっとしてるときのほうが時間って早いじゃん。
まぁ楽しいときも忙しいときも、飛ぶように過ぎたりするけどさ。

忙しくて慌ただしく
動いてるやつほど、
時間ってやつは微笑んでくれる。

時間がみんなに平等っていうのは
実は違うのかもなっていう気はする。

この間、久々に会った、同じ高校だったやつがいて。
まぁバイタリティーすごくてさ。
音楽やってる、ボルダリングをやってる、
自転車もやってる、ゴルフも始めました。
でも、仕事も忙しくて、ロンドン日帰りしたよみたいな。
そういうやつって時間があるんだよね。

時間の使い方がうまいというか。
有意義に使うっていうのを知ってるんだろうなと思う。
有意義に使えば使うほど、
濃くなって長くなるってこと。

1日5分の◯◯とか、隙間時間に◯◯とか、
長い目で見ると とっても影響があるよね。

時間の感覚の正体

大人は時間が薄い

大人になるにつれて、時間が過ぎるのが早く感じる。

それってなんなんだろう?

子どもの頃って毎日が充実していた。すべてが新鮮。

そうしながら、夏休みやクリスマス、誕生日を待ってた。

大人になったらそうやって生きることはできないのか?

大人になると知識が増えてしまい、1秒に突っ込まれる情報量が減る。

1秒の中身が薄ければ、情報量は少なくなる。

ネットでも、情報量少なければ

あっという間にダウンロードできちゃうでしょ。そういうこと。

充実した時間にする方法

じゃあどうしたらいいかって、

新しいことや、やりたいことをやりまくって、1秒の密度を上げろ。

年齢も、時間も結局はただの数字。「Just a number」なんだよ。

そこに心がとらわれると、本来の感覚にバグが出る。

刻まれてゆく時間の中に、なるべくたくさんのやりたいことを

詰め込んで生きていけば、1秒の持つ情報量が変わる。

そうすれば体感する時間は、より長くなる。
小さい子どもなんて、やることなすことすべてが新しいから、
情報量が半端ない。だから子どもの頃って1日が長かった。

1秒を埋め尽くす

大人になって、いろんなことを知ったつもりになってるけど、
世界はめちゃくちゃ広くて、知らないことばかり。
それなのに賢くなった気になって、
新しいことをぶち込まなくなる。
大人になって、知識もついて、キャパが増えたんだから、
やりたいことを自分の時間にぶち込みまくって、
1秒の情報量をどんどん増やす。
感動しまくる。発見しまくる。無知を知り続ける。
終わっちまえば「あっという間だったなぁ」なんて
思うかもしれんけど。そんな先のことはまだ知らん。
好きなことで埋め尽くせ。
子どもの目で世界を見ろ。

考えすぎず、
子どもの頃のように、
新鮮に本能的に。
やりたいことに貪欲に。

時間を俯瞰する

カレンダーで俯瞰

俺、月のカレンダーが好き。日月火水木金土って並んでて、
それぞれにスペースがあるカレンダーをずっと使ってる。
で、それを壁から外してテーブルに置いて眺めてんのが好きなんだ。
過ぎた日はバツ入れて。
過ぎた日のことはもう忘れていくというか。
もうずっとそういうふうにしてきてる。
そこに自分の予定を書き込んでるんだけど、
そうすると、カレンダーに予定がばっと書いてあんじゃん。
東京前のりとか、翌日ゴルフコンペ、この日は撮影で、とか。
それを上から見てると、時間から逆に解放される感じがして。
「時」っていうのを俯瞰で眺められてるっていう感じがするんだよ。

隙間を埋める

そうやって俯瞰すると、空いてる時間も見えてくるんだよね。
ここは空いてるわ、だったらじゃあこれ入れようとか、
陶芸やろう、仲間と呑もう、窓掃除の業者さん来てもらおうとか、
この日は神社行こうとか。

それが、直近の予定だけ見てると、

明日2つ3つ予定があるってだけでも、

あぁ明日あれもあれもあるわって思って、

すごい忙しい感じ、予定に追われてる感じになっちゃう。

予定を入れるワクワク

そうやってカレンダーで俯瞰して見ると、

この時間もこの時間も空いてるように見えてくるんよ。

「意外と自分って時間あるなー」って思えるようになる。

じゃあ、ここにもこれ入れられるし、

何入れようかなってワクワクできるのかもしれない。

そんで、予定が終わったらバツを入れる。

最後に見返してみたら、「今月もいろいろやれたなー」って。

そんな満足感も得られるようになる。

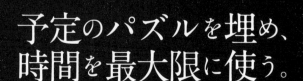

予定のパズルを埋め、
時間を最大限に使う。

時間が無いも
金が無いも
結局は同じこと。
使わなければ
無いのと同じ。

SOCIALIZING

付き合い

マイソーシャルディスタンス

こいつは絶対に誘いを断わんないとか、
どこまででも付き合うとか、そういうやつに出会うと、
「こいつやるな」って思うことはもちろんある。
でも、その反面、

自分のペースで生きてるって人も
すごく素敵だと感じる。

熊谷隆志さんって、元々スタイリストで、
今デザインもやって いろんなブランドを手がけて、
カメラマンとかもやる方だけど。
こないだ、山梨に一緒にゴルフ行ってたの。
終わったら何かメシでも行くのかなとか思ってたんだ。

熊谷さんと俺は別の組で回ってて。
向こうの組が先終わってて、
メシ食い終わったくらいで、熊谷さんが
「洋介またね」って。
「え？ これ後半ありますよね？」
「後半あるけどもう流れ解散だから」
「了解っす（笑）」って。

俺が最終帰ってきたら、
もう東京にいるの。

もちろんスゲー優しいんだけど、
超マイペースで、自分のペースは崩さない。
自分の予定で生きていくという感じで。
飲み行く時はガッツリ飲み行ったりするんだけど、
ちゃんとメリハリがある。
パッと帰る。

周りに流されずに
自分のペースはキープする。

みたいなことをすごくちゃんとやる人で。
俺はそれがカッコいいなと思う。
「どこまでも行きますよ」っってさ、朝まで付き合ってくれて、
結局翌日の仕事がおろそかになっちゃったとかも、
それはそれでどうかと思うから。
マイペースであるってとても大事なんじゃないかな。

NOT WE

I & I

I & I & I & I & I

「1人はみんなのために、みんなは1人のために」
ガキの頃から知ってるモットー。

で、「みんな」って誰？

個性を消してオブラートに包んだ「WE」って言葉。
それは高度経済成長を支えた言葉なのかもしんないけど、

結局WEの中身はI＆I…。
泳げスイミーじゃないけどさ。
WEなんて生き物はいないんだぜ。

1人1人が
より良い状態になるための
人間関係のみがあるというふうに
振る舞う。

挨拶とハグ

挨拶で出会いが変わる

挨拶ってすげぇ大事で。
一期一会の縁がその先に繋がるかどうかが、
そこにかかってるって言っても過言じゃない。
それひとつをちゃんとできるかどうかで、
未来は変わってくる。
だから俺も子どもたちには「挨拶はきちっとしろよ」って、
言って聞かせてる。

ハグはもっといい

レゲエの挨拶は「ヤーマン」
それは、シンプルに拳と拳でグータッチするんだ。
俺はもちろん「ヤーマン」もするけど、
最近じゃ握手して、そのままハグしちゃう。

そういうボディータッチやスキンシップって、
人と人のすごい交流になるし、気持ちを伝えたりとか、
そういうことにもすごくいいなと思ってて。

なんか言葉でうまく説明できなかったり、
細かすぎて説明しづらかったりするんだけど、
ものすごく大きい影響があるなと実感してる。

恥ずかしがらずに言葉にする

あとは言葉のチカラ、「言霊」を信じて、存分に使うこと。
妻に「愛しているよ」とか、仲間に「ありがとう」とか、
こっ恥ずかしいって人も多いけど、
その言霊のチカラっていうのをいっぱい使って、
自分も相手もハッピーになってっていうふうにできたらいいよね。
不平不満は口にせず、まずは素敵な言葉を身近な人や、
出来事に使ってみること。
そしたら素敵でハッピーな言葉の周りには、
そういう素敵でハッピーなことが溢れてくるようになるんだよ。
それってもう、魔法みたいなもんだよね。

俺ら言霊PEOPLE。
言葉の魔法は惜しむなよ。

MONEY

お金

「お金」というか「お金さん」

昔は「お金なんて関係ねぇ、なくても幸せだし」
ってずっと言ってた。

でもここ最近、お金にはすごく感謝するようになった。
なぜなら、圧倒的にお金の価値観が変わったから。
ある人に言われたこと。
その人は、俺と同じようなこと言うし、表現してる人なんだけど、
超ぶっとんだ人だから、避けて来たお金の話が自然とできた。

「なんであなたはそんなにお金持ってて、俺はお金ないんすかね」
って聞いたら、「お金のことどう思ってるの？」って聞かれて。

俺は昔から同じように答えてたんだけど、
「いや、まぁ俺はお金なくても幸せなんで」って言ったら、

「あ、それね。じゃあお金があったら不幸せなんだ」って言われて。
「あ、いやいやいやいや、そういうわけじゃないけど」て。（笑）

「え、じゃあなんで、お金があってもなくても幸せみたいな言い方
すんの？」って、「お金って、あったほうが幸せじゃない？」
って言われて。もう、グゥの音も出なかった。

確かにそうじゃん。この社会に生きてたら、俺だけじゃなくて、
家族、仲間、赤の他人までみんな幸せにできるし、
そうだよな、って思って。
一番抜本的なところに蓋してるって言われて。

そんな蓋してたら入ってこないし、
なんの罪もないお金に罪を着せてない？ みたいな。

なんかちょっと汚いモノみたいに扱ってない？
ハサミや包丁と一緒だから、て。

包丁を子どもに渡すときに、
これでおいしいご飯が作れるよって渡すのか、
これで人が殺せるよって渡すのかで、
その道具の意味が変わるでしょ、て。
お金も一緒。

人を幸せにするために持ってる、
自分が幸せになるために持ってるもので、
道具だから、っつって。
お金はゴールじゃないから。
だから、「お金をとにかくたくさん稼ぎたいんです」
ていうことじゃなくて。

そのお金があればこんなことができる、とか、
こんな人たちを幸せにできる、っていう感覚になったんだよね。

で、したら、ホント不思議なもんで、
ちょうど独立する頃、
ちゃんとお金が回るようになって。
「あぁホントそういうもんなんだな」って思ったんだ。
だからなんか、

「お金、さん」みたいな？
そういうふうに扱うというか。(笑)

支払いとかするときも、ありがとう、て。
お金さんのおかげで、
今日こんな楽しい時間に変わった、とか。

そういうふうに
使うようになったら、
お金が仲間連れて
帰ってくるからって言われて。

確かにそういう感じすんなーってなってるんだよ。

だからコロナの騒ぎ出したタイミングで、
マジで俺、3ヶ月ちょっと、1秒も仕事しなかったの。
ひたすら酒呑んで、インスタライブやってたの。

で、途中から、これ仕事かなっていうくらい、
1円にもならんインスタライブ12時間やったりとか、
寝落ち配信してたりとか、
なんか、意味わかんない感じになってたんだ。

おかげでCM2本飛んで、映画1本飛んだんだけど、(笑)
それ以上に入ってくる仕事も増えた。
飛んだほうの仕事は神様がやめとけって言ってくれてるんだなって
笑ってられるっていうかさ、

マイペースに、
ま、もともと水商売みたいなところあるから。
仕事入ってなきゃ、何もないんだけど。

そういうときにも、自分自身がブレずに、
自分らしくいられるのは、
お金のおかげもあるなあ、て思って。

ただし、
お金で家は買えても、家庭は買えない。
時計は買えても、時間は買えない。
ベッドは買えても、睡眠は買えない。
食事は出来ても、食欲は買えない。
病院に行けても、健康は買えない。
保険に入れても、安心は買えない。
つまり、多くの大切なことはお金では買えないてことは、
忘れちゃいけない。

俺、『放尿』のときにも

「NO税殺法！」

なんて言ってたら、それを聞いたある企業が、
決まりそうなCMキャンセルしたりとか、
いい結果をもたらさなかったのね。(笑)
こんな社会不適合者なんて使えねぇって。

まぁ、税金に関してはいまだに

「なんでこんな額払わなきゃ
いけないんだよ」って思うけど。

でもこれも考え方ひとつで、
最近じゃ、お布施みたいな感じに思うようにしてる。
こんだけ払っているから、こんだけいいことあるよなって、
自分が生まれて暮らす国に対しての貢献というか。

もはや納税の義務っていうの
すらも楽しんでやろうと思って。

そうやって考え方を変えたら全然ムカつかなくなったし、
そして不思議と、ちゃんとお金も回るようになった。

それに対して細かい話して、
「官僚が勝手に使ってんだよ」とか、
「自分のポケット入れてんだよ」とか、
そうやって渋ったりしてるから、
余計にお金入ってこなくなると思うんだよね。
蓋みたいな弁みたいなのがバンッて閉じちゃうみたいなさ。

ちなみに、お金がないときの乗り越え方について。

俺ね。今の妻と出会ったときの 預金残高560円だったの。(笑) 今から12、3年前。

1,000円下ろそうとしたら下ろせなくて。
そんときは、もう開き直るしかねぇと思った。
したら逆にすごいねって褒められたんだよね。
まぁ最近の俺、寝る前にトイレ行くだけでも
褒められるんだけどね。(笑)

あとは高速の料金所でもお金が足りなくて、
出世払いでって通らせてもらったこともある。
もちろんこんど払いますって誓約書を書かされたし、
すぐ返したけど。

でもまぁ、なんとかなるし、
なんとかなるっしょって思ってたほうがいいっしょ。
俺も身内に借りてたときあったけど、
金の切れ目が縁の切れ目になっちゃう人もいる。
それが嫌なら、仲のいい親友とか、貸してくれるやつがいんなら借りて、
ちゃんとそれを忘れずに返す。
でも貸すほうは忘れろって言うけどね。

あと、金のかかるやつだとか、金のかかる女だとか、
金のかかる子どもだとかをネガティブに捉えがちだけど、
そういうときは必然と必要な分を手に入れるようになるんだから、
前向きに捉えてていいんだよね。
本当に必要なモノは自然と手に入る。

俺は宵越しの金は持たねぇほどじゃないけど、
別に使いたいことがあったら使えばいいと思ってる。
で、足りなければ稼げばいいと思ってる。
無計画にめちゃくちゃな使い方してるわけじゃないけどね。
だから俺はあんまり老後のための貯金って意識してない。

まぁ、最終的には愛流が家族を食わせてくれるように、
洗脳してきたからね。
「ハワイに家買うんだぞ」って。
今も「お父さんに家買わなアカンからな俺は！」
って言ってくれてるし。
「いいっていいって」って言いながら、

「しめしめ。」
と思ってる。
愛流、よろしくな。(笑)

お金と価値

お金と人生の価値は別もの

コロナ禍で収入が落ち込んで、
人生の先行きが真っ暗だって思っちゃうとき、
どうしたらそこから人生を上げていけるのか?
まず、お金の有無と人生の価値は実は全く別のもの。
そして、お金も道具としてフラットに考えれば、
お金の稼ぎ方も柔軟になる。
そのためには、お金を毛嫌いせず、変に誤解をせず、
敬意をもってフラットな感覚でお金と向き合うこと。
お金はこの世のどこかで泉のごとく湧いている。
金は天下の回りものってこと。

お金でできること

お金があったら、もちろんハッピーなことができる。
そういうありがたい道具。
でも、お金に縛られて、お金が唯一の価値だって
思い込んでしまうと、マジでしんどい。

「お金がないせいで不幸」って気持ちでいると、
お金を軸にした視点で考えちゃうけど、
道具であるお金を使ってハッピーになるのが目的で、
その道具そのものがハッピーなわけじゃないからね。

人生を最高にするための道具

だから、ベースで考えないといけないのは、
「お金をどれだけ持ってるか」、
「お金をどうやって稼ぐか」ってことじゃなくて、
「自分の人生を最高にする」ってこと。
自分はどうしたらハッピーになれんのか、
そして、誰をハッピーにしたいのか？
そんな発想で常に動き続けること。
そしたら、あるとき気づけば、どんな世界の状況でも、
自分の好きなことで稼げることが
見つかるかもしれないね。

まずは先に価値ありき。
お金はそこを可視化した
道具にすぎない。

DIFFICULTY

困難

ネクストレベルへの招待状

どんな困難でも、
「良くなるために起こっている」と思えば、
まず心構えが変わる。

心構え、心が前になって、
思考が後ろになって、ってこと。

絶対これを乗り越えるぞ、楽しむぞ。
ぐらいのモードに入って向き合えれば、
なんとかなったりする可能性は上がる。
結果、なんとかなんなくても、もうその結果すら肯定するっていう。
あれがあったから、今、俺はこうなれたとか、
あれがいい気づきになったとか。

キッド君もよく言ってたんだけど、
「勝った試合なんか観ない。
負けた試合ばっか観てる」って。

失敗は成功の母、
NO RAIN, NO RAINBOW.

ホントえぐいことって、
やっぱすごいインビテーションだと思うんだ。
「さぁ、このステージが用意されましたよ」みたいな。
そこへ行くチケットは痛みを伴っているかもしれないけど、
そうじゃないと、超えては行けないからって。

ブルーハーツの
「どうにもならない事なんて どうにでもなっていい事」
じゃないけど、今の世の中に対しては特に思う。
俺も、世の中のことをどうにかしてえって思ってた時期は
長かったけど。でもあぁ違うなって思ったんだ。

なんかやっぱ俺にとって、
すべての基本は、自分だし、
家族だし仲間なんだよ。
まずそこ。

もちろん、ファンの人とか、
こっちにアンテナ張ってくれてる人までは届かせたいけどね。

言葉は発するまでは
自分のものだけど、
発した時点で
受け取った人のものだから、
その人が自由に解釈できるもの。

だから、そこまで責任取れないしって思ったら、
手の届く目の届く範囲を自分はしっかり繋いで、
まぁ願わくば愛で満たして、やさしさで満たしていられるように、
ハッピーでいられるように、自分がいるということ。
だから、そこまでにしか責任持たなくていいやと思ってる。

俺と家族と仲間が、で、願わくば、みんなが元気で豊かに。
それはお金という面だけじゃなくて、何より心が楽しくて安全。
それが幸せってことだと俺は思うから。
それはすごく日常的で、
とりとめもないようなことが本当の幸せだと思うから。
そこをちゃんと満たして日々生きていきたい。

地球創生や素粒子／微生物／
エントロピー増大
（痕跡の記憶と未来の予測）／
意識／仮想現実／色即是空。。。

たまにそんな視点から
世界を見て、
物事を判断するのも一興。

心が変われば、
その瞬間に
世界が変わる。

SATISFACTION

満足

足るを知れ

この言葉を教えてあげる。
「足るを知る」

酒もさぁ、
「あーあと一杯だけ呑みたいな」
「でもお酒ないな」

「あ、あった！、、、あ、これ料理用のやつだ」みたいな。

キッチンドランカーってこれのことじゃねぇ？
ってなったときに、ふっと冷めて、寝よ！ってなったんだけど。

足るを知るっていうのを、ね？（笑）
自分にブレーキ。

ま、ブレーキパッドちょっと壊れてるんだけど、
それでもブレーキ踏むときは、その言葉を思い出す。

「過ぎたるは、なお及ばざるが如し」
ちょうどいいとこが
ちょうどいい。
やりすぎたら、
やれてねぇのと一緒、てこと。

それってバランスをとるための言葉でさ。
もっともっとって思ったら、
なんでも人間の欲なんて無限にあるから、
もっとってなっちゃうけど、

例えば遊びすぎて疲れちゃったとかさ、
毎日酒呑みすぎてメシ食いすぎて病気になっちゃったとかさ、
それって、やりすぎちゃって足りてねぇってことだからさ。

ハッピーに生きていたいってなったときに、
自分の好きなように生きていくんだっていうのを
追求しすぎた結果、やりすぎちゃう。

何事も腹八分目。

足りないくらいでちょうどいい。

過保護の育児、押しつける教育、

お金が一番の経済、

気負った心構え、

独りよがりなオモテナシ、、、

生きてるだけで

キャパを超えても溢れるだけ

たくさん稼いで、欲しいモノを買えて、
行きたいところに行けて、食べたいモノを食べて。
そのためには、どれくらい稼げばいいのか？
俺らがゴジラぐらいでかければ、
満足するには結構な量が必要だと思うけど、
自分のキャパ超えた分は、器から溢れるだけだし、
器を壊すだけ。身の丈を知ってでかい夢を描く。

足るを知る

もっともっとって気持ち、
さらに上を目指すって気持ちは尊いけど、
それが小さな欲の範疇になってくると、
底の抜けた桶みたいに際限なくなってみっともない。
「足るを知る」ってことはとても大切。
人って、年収が2倍になっても、幸福度は9%しか上がらないらしい。

そこに必死になって身体や人間関係を壊してしまうくらいなら、
地球ごと幸せにするくらいの大きな欲を抱けないなら、
ジャストな幸せを狙うほうがいいんじゃない？

ちょうどいいを見極める

飯なんてわかりやすい例。
腹いっぱいになっても食うって、そっから先は拷問になる。
3食目は医者のためって言うくらいだし。
食えば食うほど幸せが積み重ねられてくわけじゃない。
ちょうどいいとこで見事に締められたら、
ほど良い満足感で幸せになれる。

「このへんが一番幸せだな」ってとこを見極めて、
生きてるだけで丸もうけ。てね。
取るに足らない、他愛ない時間が
実は一番幸せなんだから。

「ちょうどいい」
それを見極めたやつが
一番幸せになれる。

欲とは、この魂を
この身体に留めておくための
錨のようなものなのかも。
みんなが幸せになるような大きな欲を、
「足るを知り」ながら抱いていたい。

SEEDS

土と種子

母なる父なる

備蓄そのものでなく、
自分で農作物を作ることのできる肥沃な土地と無農薬、無肥料、
不耕起の農業技術、そして「タネ」が何より大切になってくると聞いた。

一代限りのバイオ種子を作っている種苗会社を淘汰させる為に、
固定種（P種）や雑種1代目のF1を大切に作っている
種苗会社の株を少しでもいいから買って応援したい。

＃固定種（P種）
＃雑種1代目のF1

土が、微生物が
農作物を作るのであって、
我々はその土を作る。
「子が元気に生きてゆく為に、
親が良き土になる」

INTESTINES

腸活

私の全てを司る宇宙

原始生命って、要は筒。口から入ってケツから出る筒。
俺らはそっから何億年も経って、今の形になってるけど、根本は同じ。

「はじめに言葉ありき」っていうけど、
実は、はじめに腸ありきなんだね。(笑)

これまでもコンビニ飯、ファストフードは食べないとか、
ある程度意識はしてたんだけど、このコロナ禍のタイミングで、
微生物、発酵、腸内環境にまつわる本をたくさん読んだ。

結果、全ては腸なんだと悟る。脳腸相関ていうんだけど。
腸がすっきりしてると頭がクリアになるし、
ポジティブやネガティブという性格も腸内環境が関係している。
思考は脳だけど、直感は腸。

『人生は選択の連続です。「バランス」をキーワードに、
頭で考えず、腸で感じなさい。
なるべく全ての決断を腸【直感】でしなさい。
そうして決めたあとで"やる理由"を頭で考えなさい。
決めたんだから"やらない理由"は考えなくてよろし。

悩むことがない腸に従って行動さえしていれば、その結果で
社会に何を言われようとも、あなたの存在は必ず幸せです』

俺『、、、はい』

※参考文言
『社会が狂っているのか、私が狂っているのか。』

もはや腸は宇宙じゃね？

"性格＝運命"みたいなモンだから、腸は運命までも司っている臓器。

だから、腸に負担かけないように食事は最近1日1.5食にしてる。
朝は野菜ジュースと自家製豆乳ヨーグルト。
これが、0.25だとして、昼はとにかく好きなもの食べる。これが1。
夜は腸に良い根菜類や発酵食品、海藻類を中心に、つまむ程度で0.25。
合計で1.5食。
本当は1日1食にしたいとこだけど、
そこは無理なくバランス取ってやってる。
良質の国産和牛なら牛肉も食べるし、会食があれば夜でもがっつり。
まぁフレキシタリアンてやつかな。カテゴリー分けするなら。

そっから、体が軽くなって、調子もいい。お酒もめちゃくちゃ消化・
吸収・分解できるから、二日酔いも全然ナイ。いいことだらけ。
夕飯がそんな少ないのしんどくないって？ それもマインドセット次第。

空腹をストレスだと感じるのは、"空腹→飢餓→死ぬ"という思考回路
で脳が危険だと思い込んでるから。でも、食べないことで、消化吸収
以外にエネルギーを回すという考え方もある。
例えば、病気だからと言って、治るようにたくさん食べると生命エネ
ルギーが消化の方に回って、本当に必要なところに行き渡らない。

だから、自然治癒力を高めるためのスイッチは、食べすぎないこと。
空腹だとしても『俺の体は今、健康に向かっている』
と思えば空腹感は幸福感ってこと。
これって、食費もかからないし、お金をかけずに健康になれるし、
いいことづくめ。
マジオススメ。

noteに載せた「窪塚洋介的〜新時代健康法〜」より

杏林予防医学研究所の、"山田豊文"先生が京都で開かれている、
3日間の断食合宿に参加したんだけど。
そこで素人の自分なりに学んできたことや、
様々な書籍、Netflix『ゲームチェンジャー』など有益な番組の情報を
実体験の体感と感動、独断と偏見で箇条書きメモにてシェア。

様々なご意見や補足、反論あると思うけど、
あくまでも個人的なまとめだから、
興味がある方は自分でも調べ、実践し、体感してみてください。
必ずや新しい世界、新しいステージの扉が開くはずです。
下記のことを少しでも実践したら、
マジで即に心身のいい変化が体感できる。
※それを続けるか続けないかはあなた次第です。(笑)

【断食・少食にまつわる格言】
・釈尊_「病気は断食で治す」
・ピタゴラス_「断食は哲学の門」「病気は食べ過ぎと質の違いから」
「少食は心身ともに頑健になり病も自ずから去る」
・哲学者(ヒポクラテス、アリストテレス、ソクラテス、プラトン)_
「人は誰でも体の中に百人の名医を持つ」「すべての病気は腸から始まる」
「月に一度断食すれば病にならない」「汝の食事を薬とせよ」「人は自然
から遠ざかるほど病気になる」「病は自らの力で治すものであり、医者
はこれを助けるのみ」
・ドイツ_「断食で治らぬ病気は何をしても治らない」
・フランス_「断食はメスを使わない手術」

・アメリカ_「全ての薬で最も優れた薬は休息と断食」
・日本_「3食目は医者のため」「医食同源」「身土不二」
※ほとんどの宗教はかつて、祈りながら断食をすると
万病が早期回復に向かうことを知っていた。

【断食・少食をする理由】
全身の細胞が元気になることで本来の力を取り戻し、細胞レベルまで
毒素が排出される。細胞が活性化する。その結果、肌も内臓も若返る。
免疫力が上がり様々な病気の予防になる。ストレス耐性が強化される。
集中力・記憶力・創造力が上がる。脳が変わるのでリバウンドがない。
且つ料理にまつわる時間とゴミが省け、経済的である。

☆細胞が喜ぶ心地良いストレスを与えると、
オートファジー・ヒートショックプロテインなど心身に有益な仕組みや
物質が活性化して、細胞のリセット、活性化、長寿スイッチが入る。
心地良いストレス➡空腹感。適度な寒暖差。適度な紫外線。
一時的な低酸素。環境中の微生物との接触。

【ポイント】
・日常食の食材選び
とにかく無農薬・無化学肥料・無畜産系肥料で且つ不耕起栽培で
あればあるほど良い。＞有機栽培＞オーガニック。
添加物はもちろん、加工食品はなるべく避けたほうがいい。

・フレキシタリアンとして
基本的には菜食だが、社会的な付き合いや気分などの都合で肉食も
する。あくまでも心のままにストレスなく自然にヴィーガンへ移行
できることが望ましい。

・マゴワヤサシイナの食材を食べる

「孫は優しいな」

マ：豆類

ゴ：ゴマなどの種実類

ワ：わかめなどの海藻類

ヤ：野菜

サ：さかな((小型の魚))

シ：しいたけなどのキノコ類

イ：イモ類

ナ：納豆など発酵食品

・日本食を食べる（伝統食）

上記の品目を積極的に取り入れている先祖伝来の食事は、

様々な面で今の我々をも守ってくれている。

・腸活する

発酵か腐敗か。

我々の生命活動の90％は微生物に頼っているので、

その働きをサポートすることを重視した生活をする。

食べ物を口に入れたら箸を置き、少なくとも30回以上はよく噛み

"食物を唾液とよく混ぜてから"胃に落とす、

食べるのは胃の微生物であって、我々はそのサポートという理解。

・脳腸相関

腸内環境の具合で脳の働きも変化する。

明るい人には明るい腸内細菌、逆もまた然り。

断食・少食などを行い腸内環境を整えることで花粉症や鬱、アトピー、アレルギーなどの現代病を始め様々なガン、糖尿病、高血圧、喘息、認知症にまで効果があることが認められている。

・1日2食（1食でも）
少食のススメ。消化と吸収に生命エネルギーを使いすぎないような量のコントロール。
食事のタイミングも含め"習慣"を作る。
睡眠時に心身（内臓）ともに休めるように、寝る3時間前からは食べない。可能であれば夕食と朝食の間を12〜16時間空ける。
山田先生自身は「夕食をとらない」という方法を推奨しています。
「空腹感は幸福感」というマインドセットができれば空腹でも余裕で寝られるし過ごせる。

・暗闇で寝る
人生の1/3は睡眠。良質な深い睡眠を取れるように努める。
早寝早起きが望ましい。

・適度な運動＋少しキツめの運動
願わくば朝の爽やかな空気の中、朝日を浴びながら自然の中を歩く。
朝日を浴びると体内時計がリセットされ、リラックス効果とともに活動のスイッチが入る。「歩くことは最良の薬」とも言われる。
キツめの運動は各自にあったやり方を見つける。

・適度な負荷
空腹感、適度な日光、適度な寒暖差、一時的な低酸素、
環境中の微生物との接触。

・温冷浴

40〜42℃くらいの温かい風呂と*冷水シャワー2分を交互に3〜5set繰り返す。

*冷水シャワーは心臓から遠い手足からかけて、胸に少しかけたら、一気に氣愛でうなじや頭、全身にかける。集中することで15秒後には不思議と寒さを感じなくなる。心頭滅却すれば火もまた涼し。

・音浴

音響体験・身体共鳴。

音（振動）は細胞に聴こえる。

自然の音や梵鐘が最高に良い。

マントラ・声明・読経・聖歌などもとても良い。

CDは耳での可聴領域しか再現されていないが、

レコードはその上下の外まで再現されるので良い。

各臓器などの固有の振動数に合わせた音（振動）を使った調律のようなアプローチをする次世代の"波動治療"も注目されるようになってきた。

ソルフェジオ周波数 528Hz = DNAの修復。

・水中に潜り感謝と共に大声を出す

自分の声は頭蓋骨の骨伝導で自分が一番聞いて（効いて）いる。

最も強いと言われる「ありがとう」の言霊を真心込めて発動させる。

日常的にも前向きな言葉を元気に使おう。

【息】

呼吸・呼吸の深さ・呼吸数。

呼吸は普段は無意識だが、意識的にもできる。

鼻から息を吐き切ってから腹式呼吸で鼻から吸う。長息を心掛ける。

すると内臓機能の活性化、自律神経の調律、血圧・心拍数の安定化がある。
呼吸への気づきは自分自身や世界への気づきを高める。

【氣】
先天の氣_父母・ご先祖から頂いた氣。
後天の氣_自然界や社会から取り入れる氣。
　　　・宗氣_呼吸
　　　・水穀の氣_飲食物の消化と吸収

● 氣・血・水 が生命の三柱 ●

〈強化方法〉
吸う息で足裏から氣を取り入れ脳天に昇る、
吐く息で脳天から足裏に氣を放出する。
※手のひらを上下に動かしサポートできる。

【食事の補足】
・内臓に負担のかかるファストフード類、
肉や揚げ物、高脂肪・高タンパクな食事を控える。小麦を控える。
・良質な水を１日に２リットル飲む。
（こまめに回数を分けて。）
・信頼できる亜麻仁油を１日大さじ１〜２杯摂る。
（ドレッシングに。納豆にかける。加熱しない。）
・なるべく無農薬の玄米を食す。
（玄米は毒素を抜くために、夏場であれば12時間、
冬場であれば24時間浸水してから炊く。）

【街中のルールについて】
巷のいたる所でアルコール消毒が蔓延し殺菌・滅菌と
血眼になっているが、手のひらの有益な常在菌もいなくなるわけで
免疫力が落ちる。

コロナ禍と言われるほどここまで根気よく、
コロナワクチンを世に浸透させるための世界的な茶番キャンペーン
（この件は別件なので深く触れないがその証拠は数多）を行って
洗脳に成功している社会を鑑みれば、マナーとしてのマスクという
ことは理解するが、マスクをすることで呼吸がしづらくなり免疫力
が落ちる。

マスクと合わせて密を避けることで
他者との常在菌の交換がしづらくなり免疫力が落ちる。
社会の閉塞的な暗いムード、殺伐とした自粛警察と言われるような
集団の存在などが陰鬱とした空気を醸し、総じて免疫力が落ちる。
免疫力は腸が7割心が3割と言われる、「病は気から」は有名な言葉。

【キーワード】

〜NEW START〜

N_Nutrition　栄養

E_Exercise　運動

W_Water　水

S_Sunlight, Sound　日光、音

T_Temperance　節制（少食／断食）

A_Air　空気

R_Rest　休息

T_Trust　信仰

【ハッシュタグ】

＃腸勝

＃腸男 ＃腸女

＃腸内会

＃腸内会長

＃腸脳力

＃腸常現象

＃腸悦

腸と心

身体が心を作る

「病は気から」というけれど、身体の健康と精神の健康、
どちらを優先すれば、より健康でいられるか？ 身体の調子を崩せば心の
調子も崩れる。心の調子を崩せば身体の調子も崩れる。どっちのケースもある。
コロナ禍で心が滅入ってたら、身体の調子も悪くなる。
要はイコールの関係。
健康な身体でいれば、心も病みづらいんだよ。
まぁ逆に、心が健康であっても、生活がめちゃくちゃで
身体の調子が悪くなることはあると思うけどね。(笑)

まず腸があった

「卵が先か、鶏が先か」じゃないけど、
生命は、心よりも先に、まず身体があったんじゃない？
アメーバみたいなんから進化して、
消化器官だけの生命体になった。
すなわち【腸の健康】が心も含めた健康の源ってわけ。
脳や心臓より先に腸があったんだ、だから、
腸を大切にするって、マジで大事なことだと思う。
俺たちの性格・人格も腸内環境が影響している。

なのに現代の、特に日本の食生活って、
添加物、農薬まみれで胃・腸にスゲー負担をかけるものが多い
からちょっと気を遣ってみて、
まずは簡単な腸活を試して欲しい。
寝る前の3時間は食べない、とかね。

最高な1日にするために

もし腸が健康じゃなかったら、
朝起きたときにスゲー重い気分と身体になる。
だけど、腸が健康だったら、
朝から最高な状態でスタートできる。
そうすれば、その1日はそれだけでプラスからスタート。
あとは最高な1日を過ごせばいい。

窪塚腸介って
名乗ってもいい。

FOCUS

目線

フラットアースかは気になるけど、
フラットに見る

人として、男として、お父さんとして、
試される瞬間ってのはいっぱいあると思うけど、

常にフラットに、
一番大事なことを
見逃さないように、
捕まえられるようにしたい。

こないだ生まれて初めて3歳の娘を、
USJに連れてったのよ。(2020年)
初めての遊園地で、乗り物乗ろうって、
ミニオン乗りに行ったんだけど、
シートベルトいらないような乗り物だから膝の上に娘乗せてたのね、

そしたら、
「あ、お父さん隣に子どもを降ろしてください」って言われて。
「あ、わかりました」って降ろしたら、娘が超嫌がっちゃって。
「イヤー! パパの膝がいい!」ってなっちゃって。

うちの奥さんが、
「それくらい我慢して！」ってなったときに、

ハッてなって。
「いやいやいや」って。
じゃ降りよ降りよ、つって降りたんだよ。

で、奥さんちょっとフーン！ てなってるからさ。

「これあまとの生まれて初めての遊園地じゃん」つって。
「多分怖いと思うんだよ、
俺らは怖くないけど、この子は今。
それを、俺らが無理クソ、
大丈夫だとか言って乗せることによって、
もう遊園地とか、ミニオンとか、
全部嫌いになっちゃうかもしんないから、
今日はもう散歩ってことで、
ちょっと高額の散歩してるくらいの感じでいいんじゃね？」
って言って。

そしたら、奥さんもすぐ、「わかった、そうだね」って言って。
ちょっと趣向を変えて回ろうってなったんだけど、
それもある意味、俺ら的には瞬間のちっちゃいピンチ、
これを最大限にチャンスにするっていう。

【クールに、フラットに考える】っていうのを、
ずーっとしてるから、
その瞬間にもそういう答えが出せたのかなって思うのね。
まぁ俺らとしての、うちの家族の「正解」だけどね。

０歳から８歳までと、
８歳から80歳までが、
同じ体感の長さなんだって。
だから子ども時代の８年って、
そのあとの72年間と体感時間が
一緒なんだって。

子どもの気持ちになってみる、
子どもの頃の気持ちを思い出してみるっていうのは、
自分らにも気づきがあるし、
実りのあることがたくさん、あるんじゃないかなと思ってる。

コドナの心

大人っていつから？

子どもの頃は、いろんなことが新鮮で楽しい日々だった。

けれど大人になるにつれ、楽しいなと思えることが少なくなった？

大人なのだから仕方ない？

じゃあいつその大人になった？

大人も子どもも地続きなんだ。

いつから大人に切り替わるって、そんな瞬間はない。

もし大人と子どもってのが社会的に明確にあるとしても

心の中はグラデーションで死ぬまで混じってる、【コドナ】ってこと。

大人になったなんて気のせい

大人になるにつれて、知識は増えても

感覚は鈍くなっていく。どんどん鈍感になっていく。

それが強くなることと同義かもしれないけど、

気づけば大人になっちまったなーなんて、、、

そんなの気のせいだから。

「この橋渡ったら大人です、どうぞ」

そんな橋渡った？　俺は渡ってない。

みんな「大人になった気でいる」、そんだけ。

でもその「気のせい」ってやつは結構重症で、

ふとしたとき、子どもにドキッとさせられる。

でも大人になってくのも悪くない

別に大人になることが心地悪いわけじゃないんだよ。
ガキの頃と芯は一緒でも、より豊かになっていることもある。
一番大事な聖域は残ったまんま成熟していってる感じだから。

まぁ、木でたとえたら、
年輪は増えていくけど、その木の名前も、
生えている場所も変わってないということ。
ただし、幹は太く、枝は広く、根は深く。
大地に着実に根付いて、
もっと多くのことを与えたり
受け入れられたりするようになる。
だから、俺は子どもじゃねぇけど、大人でもねぇ。
そんな自分が全部混じって年を経ている、
現在進行形の俺。コドナ。
それでいいと思うんだ。

俺は自称18歳。
実年齢44歳。
そういう、コドナ。

WIFE

奥さん

共に歩む視点の置き方

奥さんと、
どっちが財布の紐を握るとか、月にいくら、とか
お金のことで取り決めは特になくて。

俺がいくら稼いでるとかもドンズバでは知らない。

奥さんは奥さんで口座持ってるし。
俺は俺で持ってるし。
基本的には家賃だ生活費だなんだって俺が全部出してるけど、

奥さんも個人的に欲しいモノは、
自分で買ってるけど、俺はそんな気にしてない。

特にどうしようって話を決めたわけじゃないけどね。
俺は昔から超どんぶりだからさ。
まぁそれで揉めたこともないし、OK。

うちの場合、
やっぱ家を守ってくれんのは奥さんで、
家の外で仕事をして、お金を稼いでくるのが俺っていう
カタチはあれど、
俺も家にいること多いから、
娘と遊んでるとか、溜まってる食器洗うとか、ゴミ出すとか、
それぐらいはすることある。メシ作るのは奥さん、
掃除は二人ともで、気がついたほうがしてて。

子育てのときは、
バーカウンターの法則で、
俺と奥さんと、同じほうにいる。
で子どもが向かいにいる感じ。
奥さんと向かい合わないようにしてる。

それがうまくいってる秘訣だと思う。

このスタイルは、別に夫婦じゃなくて、
幼馴染みでだってあるし、仕事のパートナーとだってあるけどね。

新しい本作ろうよってなったときは、
本を作るっていう目的が目の前にあらわれるじゃん。
そうすると、バーカウンターの法則になるわけさ。

マネージャーとも、
いい仕事をしようねってなると、こうなる。
そうすると、お互いに言いやすい。
それは嫌いで言ってるわけでも
ムカついて言ってるわけでもなくて、
「向かってることのために言ってる」
てのがよりわかりやすくなるじゃん。

すべての関係で
そうなれるようにしてるかな。

お互いに向かい合っても
仕方ない。
今、我々は、
何に向かってんだって
そこをはっきりさせる。

バーカウンターの法則

いいところ言える？

世の中の出来事や、SNSとかでのいろんな人の意見に心がざわつき、
嫌な気持ちになる、そんなときはどうしたらいいのか？
何十年も前だけど、俺の中で、
他人や世の中を批判するっていうのが今より強かった。
口を開くと、誰かへの文句を言っていたり、テレビ見て文句言ってたりした。
その時期に前の妻から、
「私はみんなのいいところ、ひとつは言えるで」
って言われて、グサッと刺さって。
心が貧しくなっているのかもしれないと思ったのを覚えてる。

横に並ぶ感覚

すべてのことに向かい合うから、
ぶつからなくていいことでもぶつかっちゃうことがある。
そうじゃなくて、バーカウンターで横に並ぶような感覚でいれば、
心に余裕が生まれる。
人と人って向かい合わなくていいことは多々あって。
真正面に向き合っちゃうと本筋それちゃって
モロにぶつかることもあるから、

多人数の仕事でもバーカウンターに5人、100人で座ってる
感覚で人と接する。海でも眺めながらってなモンですよ。

横に並べば融合する

横に並ぶ感覚で接してると、
「そういう意見もあるよね。でも俺はこう思うんだよね」
って、意見がぶつからずに融合しやすくなる。
例えば、コロナの取扱いに関しても、
その対象はコロナなわけじゃん。
倒すのか、無視するのか、乗り越えるのか、真実を探すのか、
なんなのか、そこはわからんけど。
みんなそのしんどい出来事を乗り越えたいって思ってて。
でもここ最近見てると、
それをネタに人間同士で向き合って
不毛に戦ってるコトが多い気もして。
そこはバーカウンターの出番でしょ。
カウンターの向こうにはコロナちゃん。
「どうすか? あいつどうします?」
「なるほど。俺はこうしようと思ってます」

ぶつかったら、
一回そいつの隣に
座ってみること。

「向かい合い」って
古代から対決の
位置関係。

隣にいなけりゃ
肩も組めないぜ。

結婚と離婚

結婚する前に遊べ

男女関係なく、ある程度遊んでから結婚したほうがいい。
例えば40代とか50代とかになって家庭があり、子どももいる
けど、遊び相手にガチで惚れちゃって、家庭を壊してそっち
に行くとか。それはそれで、個人の人生だから否定は
できないんだけど、ないほうがいいと俺は思う。
今の統計だと、20代で結婚すると、結構、別れてるみたい。
逆に30代以降の結婚だと、わりと長く一緒にいられたりする。
やっぱり若いときって、刺激が欲しくて自分にないものを
持ってる人を好きになることが多い気がする。
でも結局、相手に刺激を求めてるとすぐに破綻したり、
ないものねだりが過ぎたりしちゃうことになる。
他人との価値観の違いもそう。
いろんな人がいて、多種多様な考え方があることを
理解し受け入れる、器の大きな人になるためには、
やっぱり20代で様々なことに揉まれないと難しい。
俺も最初の妻との結婚ってそんな感じだった。
「こんなやついんの!?」
「こんな感じで世界って、社会って、生きていけるの!?」

ていうような、真逆にいる感じのやつだった。
わかりやすく言うと、
左脳派・右脳派の代表同士の結婚みたいな感じ。

離婚も捉え方

結果、最初の妻とは離婚したんだけど、
それがあったから、いい具合に俺自身がチューニングされて
左脳派と右脳派の真ん中へんという感じになれたかな。
だから、離婚ってネガティブに捉えがちだけど、今が幸せだから、
結果として、俺に必要なことだったんだなって思える。

見極めてからの結婚

ある程度いろいろ経験して、自分の求める相手がわかってくる
30代になると、自分や親に似てるとか、趣味や信条が似てるとか、
要は安心感とか安定感とかを抱ける人を選ぶようになって、
長く一緒にいられるようになる。だから、情熱とかも素敵だけど、
遊びきってから結婚したほうがいいと思うよ。
まぁ、俺はそうじゃなかったから、経験を踏まえてってこと。(笑)

刺激を知れば、
安らぎの価値も
知ることができる。

THUNDER : ep1

雷1

たまにはシメる

娘を持つお父さんならわかるかもしれないけど、
俺も娘には甘いかもしれない。
娘に関しては、奥さんのほうがワーッてなりやすいから、
そのときに「そんなに怒らなくてもいいじゃん」って言うことは
多々ある。

息子だったらガツンと言っちゃう。
「男がピーピー言ってんじゃねぇ」みたいな。

息子と娘で全然違う。

同性ってアタリ強いんだよね。
だから守ってあげたくなっちゃう。

息子は、中3の夏頃に、高校の偏差値が書いてある紙持ってきて。
「愛流偏差値いくつなの？」って聞いたら、
「37やで」って言うから、
紙パッと見たら、40からだったんだよ。

「あれ、お前、行ける高校なくない？」みたいな。
そしたら、「いやあんねんて！ ○○とか××とかて」
で、「そこってどうなん？」
って友達に聞いたら「絶対ヤバいっすよ」って。(笑)

でも、芸能系の学校があったから、
ちょうど息子が映画出るタイミングで。
「そこにしろ」っつって。
俺もスーツ着てメガネかけて面接行って。
あとは卒業まで何事もなければ大丈夫かなあてなって。

でもそうなっても中3の後半ズルズルで、勉強もしねーし、
「内申に響くから」って珍しくずっと言ってた。

あるとき、「サスガにもう遅刻すんなよ」って言ったのに遅刻して
学校から電話来て、俺、近所に住んでたんだけど、
チャリで鼻息マックスで向かって、
ピンポンしても全然出てこなくてさ。
電話も出ねーし。まぁ寝てたんだよね。
で、何十回目かのピンポンで、やっと「はぁい」って起きてきて。

俺はもうブチギレて、「おい、開けろ！」っつって。

ドアをガチャッて開けたら、
用意して出るトコでした風のYシャツ＋パンイチの息子がいてさ。
で、余計イラッてなって、
パーンッて思いっきり足にローキック入れて。

「お前ナメてんなこのやろう、
遅刻すんなって
言ったろ！」って。

でも、ガーッて言ってても、なんか変顔して聞いてて、
この期に及んでおちょくってきてるって思って、
パーンッて平手で顔面いったんだよね。

そしたらそのまま気絶しちゃった。(笑)
低血圧のところに親父ガンギレで来たからね、
ビンタ前にフラフラだったから変顔になっちゃってたみたい。

とりあえずソファに横にさせたら、泡拭いちゃって。

で、前の妻に、
「お前遅刻させるから、
愛流気絶しちゃったじゃねぇかよ」って、なすりつけた。(笑)

「洋くんが殴ったからじゃん」
「いやビンタだよ」って。

んで見たら、よだれと涙が出てて。
さすがにアレかなって思って。

「目覚まし時計あんだろ！」って。
そしたら「壊れてる」って蚊の鳴くような声で言うから、
「じゃあ買ってきてやるよ！」って、居づらかったから、
そのまま自転車でビックカメラ行って。(笑)

「一番うるさいやつください」って
ちょっと興奮冷めやらぬ感じでお願いして買って帰ったの。

こういうガチの説教が初めてだったから、
ショックだったらしくて、部屋に引きこもっちゃってたんだけど、
ドアの前で、「ごめんな」って一応言って帰った。

頭ごなしにキレた俺も悪い。
内申だ、低血圧だ、目覚まし時計だとか、キレる前に、
もうひと寄り添いするべきだったのかもしれない。

でもさ、高校に入学して、そっからしっかりしたんだよね。
子育てに正解なんてないのかもしれないけれど、結論、

ずーっとぬるま湯だったから、
たまにシメるのも
いいんだなって思った。

ちょっと心痛かったけど、自分を大切に思ってる人の気持ちを知って
その気持ちは伝わったんだろうな。
あと、やっぱり遅刻の根本の理由は、
低血圧でも目覚まし時計でもなく、甘え。
緩みきっちゃいけないラインってのを知ったんだろうなって。
そこから遅刻もしなくなったし、学校もちゃんと行った。

このマナーは守らなければいけない、っていう
自分の中の線引きなんだと思う。
ルールは自分で作れるけど、
マナーは他者ありきだもんね。

親父初心者

親にならせてもらう

子どもができたとき、どう育てればいい子に育つのか。

親として、どう子どもと接すればいいのか？

でも「親」になったと言っても、

結局ほとんどの親が、親としては初心者なわけで。

親も子どもも、お互いに初心者同士。

だから、「育ててやる」って意識じゃなく、

子どもに「親にならせてもらう」、

こっちも親として育てて頂くって感覚、

子どもに伝えるわけじゃないけど、

俺はそれを忘れずにいたい。

子どももリスペクト

親も子どもも人間だからさ。

生まれた瞬間からリスペクトと学びの対象。

俺が稼いで飯を食わせてるって事実はあれど、

お互いに独立した人間としての関係なんだよね。

息子も娘も、全然違うキャラクターだし、

それぞれの魂がある。

こいつ、おもしれぇな、すげぇなって、しょっちゅう思う。

完璧じゃなくていい

最近は虐待とか、子殺し親殺しとかのニュースが多くて、
マジで反吐が出るし、そんなのは論外なんだけど、
ただ、そもそも親は完璧であるもの、ってのは難しいと思う。
なんせ、親だって初心者だから、
まちがいもするし、正しくないときもある。
だけど、そんなときに、ちゃんと過ちを認めて、
子どもにも謝って、話ができるってことが大切なんだよ。
「親だから正しい」ってバイアスを一回捨てて、
フラットに、独立した不完全な人間として寄り添うこと。
リスペクトを持って子どもを認め、
自身も不完全なことを受け入れる。
そうやって接してると、子どもって、
俺たちが歳をとりながら忘れたものをたくさん持ってて、
そういうものを思い出させてくれる。
素敵な先生になってくれる。

初心者同士、
互いにリスペクト。

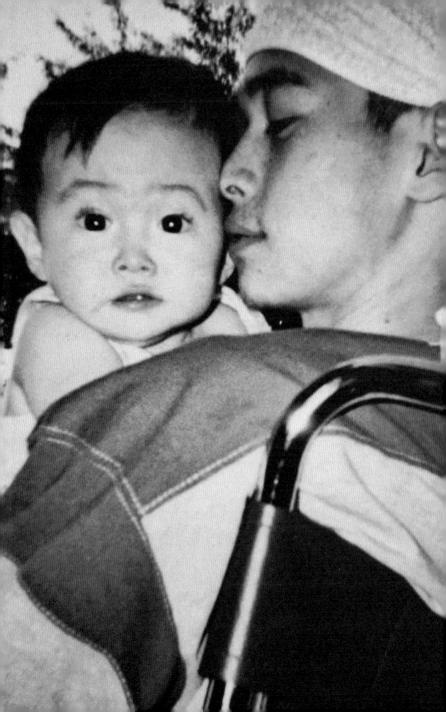

親も初心者、
子どもも初心者。
いっしょに育てば怖くない。

SCHOOL

学校

ストリートも学校になる

息子をぶっ飛ばして学校に行かせといてなんだけどさ。
単なるレイジーさで学校に行かないとかは別で、
学校も究極、行きたくなかったら行かなくていいと思う。

もちろん、無理やり行って学べることもあるし、
身につくこともあるし、強くなることもあると思う。
けど、じゃあ学校が今、生きていくために本当に必要なことを、
どれくらい親身になって教えてくれるのかな。
昔の学校のほうがそういうのにガチンコだったと思う。
今は体罰がダメ、怒るのもダメ、順位つけるのもダメとかさ、
先生もいろいろ大変だと思う。
それでも、友達を大事にするとか、親や目上の人を大事にするとか、
頑張ったら報われるとか、頑張っても報われないこともあるとか。
「先生、そこは絶対に諦めず、最後まで生徒に寄り添い続けて
教えてやってくれ！」ってことってあるじゃん。
無理やり大学に進学させて最後に「就職先どうします？」って
そんなエンディングの学業なら、無理やり我慢して、
苦しみながら学校に行く必要なんてない。

社会に出る前に就職先を選ぶよりも、生き方を選ぶほうが、よっぽど大事だ。

学校が合わないんだったらホームスクールでもいいと思うし、
日本が難しいなら、海外で学んでもいい。

それは大人の職場だって一緒。
友達ができなくて孤独を感じる、馴染めない、
好きになれないっていうなら、無理する必要はない。

友達や、馴染める場所が欲しければ、
自分の趣味や好きなことのコミュニティが必ずある。
それはもしかしたらネット上なのかもしれないけど、
どこかにわかり合えるやつや友達とかって絶対いる。

自分と友達になる人が
いないって思わないこと。

多分、世界のどっかにはいると思うからさ。
自分の周りに見つからなきゃ、これから出会う人に
自分の趣味や好きなことを話してみるとか、
相手の好みを聞いてみるとか。
そういうジャブを打つことから始める。
そういった共通点を探そうとするかどうかで、だいぶ違う。

もちろん、「俺、一人のほうがいいんだよね」て人は、
そうやって走っていけばいい。

友達がいなきゃ幸せじゃない
なんて嘘っぱちだから。

俺は家族や仲間や友達に支えられてるから、
俺の人生的にはかけがえがないけど、それもそれぞれだしさ。

そういう人に対して外野の人間が
「あいつは友達がいねぇから、不幸せだ」とか言う権利もないし、
そいつの気持ちなんてそいつにしかわかんないしね。
好きにしたらいいんじゃないかなと思う。

要は全部自分の自由ってこと。
自分とは"自"由の"分"身じゃん。

生き方選び

学校じゃ教えてくれない

学校じゃ、就職活動のやり方は教えるけど、勤める以外のお金の稼ぎ方は教えない。保健体育で子どものつくり方は教えても、育て方は教えない。実は、学校で教えないことのほうが社会に出ると大事だったりする。なんで今まで義務教育に加えて大学まで行ってこんな大事なことを一回も教えようとしなかったの？　っていう。

結局、今の教育って、戦後のGHQの指針で、工場とか大企業で、言われた通りに働く人を作りたいという思惑もあって。サラリーマン以外になる手段っていうのを教えてくれない。確定申告とか、会社の登記、そんなことを何も教えないまま社会に放り出す。それってノーリハでいきなり本番行くみたいなのと一緒じゃん。

脱線しないように、マイホームを手に入れるために銀行から金借りて、気づいたら社会の奴隷になってる。

不安の悪循環

社会に出るための気持ち的な準備を、意識的であれ、無意識であれ、ガキの頃からやってるやつはいい。

だけど、自分で道を選んだ気になってても、ずーっとレールの上で

結局は用意されたものの中で生きてきたら、
最終的にイメージできるのは「脱線」てことだけ。
そんなマインドだから、冒険せずに安定を選ぶ。
そうした生き方はおもしろくもないし、自分を好きにもなれない。
だから、そこで不満を溜めて病む。悪循環に陥ってしまう。

踏み出すためには

悪循環に陥らないためにできることは、
とにかくガキの頃から、自分の心の声を聞いて、
自分といっぱい話をして、自分自身を知ること。
そうすれば、本当の意味で自分の生き方を選ぶことができる。
レールの外の生き方なんて、人それぞれに無限にあるから、
結局のところは誰も教えちゃくれない。
でも日常的に自分の生き方を見つめていれば、
そこに踏み出していく準備にはなる。
ガキじゃなくても一緒。
大人になっても、自分の心の声を聞いて、レールの外でも中でも
どっちでも構わないけど、自分の生き方を選ぶこと。
自分が主人公だって胸を張らないと。

社会に出る前に子どもたちが
本当に学ばなければいけないことは、
全部、自分で選び、
決めるための叡智。

THUNDER : ep2

雷2

親離れ VS 子離れ

最近、長男を大阪の家から追い出した。
仕事の都合で本当は1年前に東京に行く予定だったんだけど、
「妹の成長を見届けたい」って。
「ホントかお前、どうせ友達と遊びてえだけだろ？」
って言ったけど。(笑)

そんで結局ダラダラと長引いてた頃に、
中3ぶりのレイジーさがぶり返してきてて、引き金になる
とあるコトがあって、もう俺が引っ越し屋に電話したの。
「お前、いつにすんだよ!? 来週!?」って感じで
強制的にウチから追い出したんだ。

「頑張れよ」とかそういうしんみりしたのじゃなくて、
俺が東京に行ってる間に引っ越しさせて。

まぁ「オルァ！」って感じで。

そのほうが結果さっぱりできた。
もちろん気持ちは繋がってるけど、自立させる。

獅子が我が子を
千尋の谷に落とすのと同じ。
まぁ十尋くらいだけど。

社会に出たての息子の生活費も足らなきゃ出そうとは思ってるけど、
あいつも自分で稼いでる。
高校入ってくらいから小遣いもあげてなかったし。
コツコツ自分で稼いでる金でやってんだろうけど、
そこにも俺はあんまり首突っ込まない。

バカだけど、挨拶しかり、感謝しかり、
人として大事なところは押さえてるし。
思いやりや素直さは俺以上。
もちろん、生き方はまだまだアマアマだけど、
まぁ素養はできたかなって感じだからさ。
このタイミングで自立させた。

あとはもう信じてやるっていう。
ある意味ムチャブリの
成長のさせ方。

どこまで行っても、どこにいても、
俺があいつの親父なのは変わらないから。
もちろん何か起こったら助けようとは思うけど、
そこまでは自分でやってみなって感じ。

ひとつひとつ、俺が全部用意するとかじゃなく、
俺の子育てはアイスホッケーみたいな感じ。
コン、コンって、
たまに方向を微調整してやる。
道中は知らんけど、あんま細かいこと言わなかった。

わかるやろ？ みたいな。
勉強しなくてもいいけど、
本読めよ。て。

BACKGROUND

うしろ姿で魅せる

絶対に子どもに教えておかなきゃいけないもの。
絶対に覚えておいたほうがいいもの。
それは、

この世界で生きるってことは、
サイコーにハッピーなんだぜ
ってこと。
楽しんで生きてたら、
辛いとか苦しいとかも
ハッピーになるんだぜってこと。

ある程度倫理観は必要だけど、それは家族や仲間と暮らしてれば、
フツーに備わってくるもので。それ以外って、
読める、書ける、話せる、自分の意見を表現できるってことだけなのかな。

ルールは破っても、マナーは守る。
あとは、得意なことを伸ばす。

長所を伸ばすと
短所が消える。

今後、世界は学歴社会じゃなくなっていくだろうし。

何がどうハネて未来を作るかなんて誰にもわかんないから。

好きなものがあるだけで御の字。
それでどうやって食っていけるようになるか。

それは言葉で教えるより、
その道を親の背中で示していけばいいんじゃないかな。

心配してもキリがないから、信じてあげたほうがお互いに楽だし、
余白ができるから、余裕を持って接することができる。

くだらない冗談言って笑い合えたら、
その笑い声の中で消えてゆく心配なんてたくさんあるよ。

ダメかもしれないなんて、言い出したらキリがない。

親父がそうやって生きてきたってことが最強の説得力になるし、
それ以外でどんだけ口で言ったり、どっかの知らんやつの人生を
例に出されたりしても響かないかもしれない。

息子が、いわゆる七光りで出てきて、
八以上光ってなきゃ認められない状態で。
「簡単にデビューできていいね」って言い方と、
「すっごいハードル高いところに上がってきてるから、
頑張ってね、ハンパじゃない道だよ」ってのもあるけど、

息子は後者のほうがわかってないというか、
天然なとこ、ホゲーッとしたとこあるから。

俺の感覚だと「大丈夫か?」ってなっちゃうけど、
そういうふうに心配するとキリないし、そこに答えはない。
俺の想像超えたとこで生きてんだなって。
俺にできる子育ては、親の"八光り"以上を出して、
息子の社会への門出一歩目までを一緒に考える、
ってことまでだった。

親は不安を与えない。
自分の背中魅せて、
あとは信じるだけでいい。
自分の不安を、
子に押しつけるな。

やっぱ一番大事なのは、
この地球に生まれてきて、
マジ楽しいぜっていう、
その姿をまず見せること。

それだけ見せられてたら、
何があっても、なんとかなるかな、ぐらいのワクワクに変わる。

「俺もああやって楽しんで生きてぇ」 って思わせるのが一番大事。

その次のとこに、挨拶大事とか、因果応報、感謝だぞとか、ね。
小さい頃だったら、
信号は青になってから渡んだよとかあるけど。(笑)
一番大事なのは、子どもが、
未来にワクワクできるかってこと。

不安は
クソの役にも
立たず

不安を植えつけない

子どもが失敗をしないで生きていけるように、

人生の喜びだけではなく、人生のリスクについても教えるべきか？

いや、子どもに不安を植えつけても仕方がない。

不安なんてどこにでもあって、コケて傷ついて、治って強くなる。

失敗を恐れなければいい。

そりゃ親って、自分がいろいろ痛い目に遭ってきてて、

それを自分の子どもに味わって欲しいとは思わない。

その気持ちは、わかる。

でも失敗したやつが成功する。

大失敗したやつが大成功する。

失敗なんてどっちでもいい

人生はいつでも、「今」を最高にすれば、

過去のどんな出来事も最高にできる。

そういうことを親として見せていきたい。
大切なのは「今をどう生きるか」ってこと。
そんなときに、不安が刷り込まれてたら、
今この瞬間に動けなくなるだけ。
「なんか失敗しても大丈夫っぽいな」って思わせて、
まず動けるようにすれば、
人生は自分次第でどんどん最高にできる。
どうせ、どうせで諦めたやつらは諦めることしか教えないよ。

背中で魅せる

「なんとかなるぜ」って背中で魅せて、
それで子どもがどっかでコケたら、
「おう、ドンマイ」つって
ドンと抱きしめてやればいい。
笑い飛ばしてやればいい。
ケツ蹴り上げてやればいい。

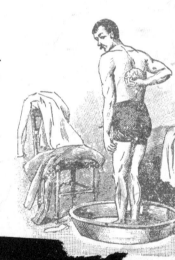

子どもたちが
どんな人生を歩むのか
俺は楽しみでしかない。

八光り出す、
ヤベー息子になれ。
それも、
俺の人生にとっての
大きな目標。

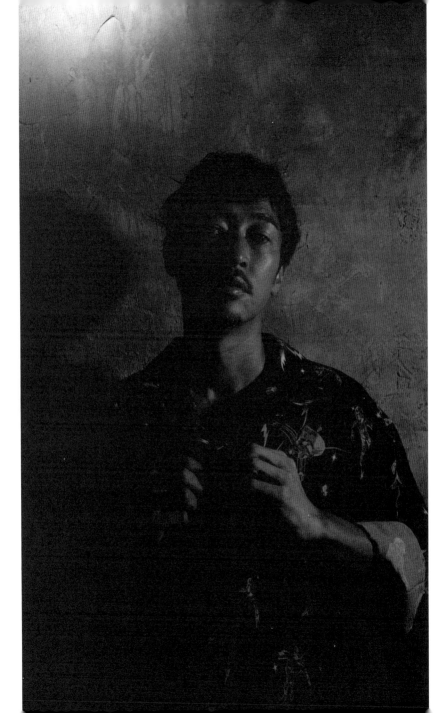

変化への対応

楽しめる心を育てる

何が起こるかわからない世の中で、
どう子どもを育てていけばいいのか？

いろんなことで常に社会が激動。
ただ、こんな予測不可能な世の中で
扇動されてパニクるより、
どんな状況でも楽しめる心を
育てることが大切なんじゃないかな。

俺たちの時代と違う

俺たちが生まれた時代と、
今の子どもたちの生まれた時代ってすでに違って。
生まれた瞬間からスマホもネットもある状態。
そもそも社会にあるモノがマジで違う。

だから、「SNSはやっちゃダメ」とかって、
「ファミコンやったらバカになる」とか、
「漫画読んでたらロクな大人にならない」とか、
俺たちが子どもの頃に聞いたセリフと同じようなもん。
そういう細かい注意をするんじゃなくて、
もっと根本的な部分に愛情を注いでいれば、
どんな時代になっても大丈夫でしょう？

変化は自然なこと

最近はいろいろ変化が激しすぎて、
みんなナイーブになってるかもしれないけど、
そもそも変化していくのは自然なこと。
だから恐れることはない。
そんな変化も含めて、楽しめる心を持って。
振り回されず、自分の芯をブラさず、しなやかに。
必要なのは環境への適応力。
水を雲を師としなさいってさ。

毎日文句と愚痴吐いて
生きるよりも、
感謝と愛で生きる日々を。

天上天下、変化上等。

窪塚家はそれを楽しみます。

PLAY

芝居

芝のように居るだけ？

俺が最初に母の友人に紹介してもらった芸能事務所は、
広尾にある俳優事務所だった。

そこは、有名な俳優が所属しているというわけではなかったけれど、
「タレントでも歌手でもない、俳優になるんだ」という自覚を、
一から叩き込まれた。

その事務所と仲のいい年輩の女優さんが
演技指導としてついてくれて。
1年くらいみっちりマンツーマンレッスン。
一番思い出に残るのは、設定を与えられて即興で演技をする、エチュード。
最初は室内でやってたんだけど、途中から外でやるようになった。

「外行くよ」って言われたときは 「え、それヤバくない？」って直感。

例えば設定は、江戸時代の鍛冶職人が、目を覚ましたら現代の港区の公園にタイムスリップしてきた、とか。

いきなり「そこに寝っ転がって」って言われて、
女優さんはその場から2、30メートル離れて見てる。
一人で演じなきゃいけない。
マジで職質級の不審者。

でもそれを1年やってたら肝が座ったし、基礎が身についたし、
演じることの楽しさもわかった。
厳しかったけど、その1年は本当にいい時間だった。

生まれて初めて撮影現場に入ったとき、
公園に比べてなんていい環境なんだと思ったよ。(笑)

エチュードの特訓を散々したけど、
芝居の中で、好き放題にアドリブを入れるのは好きじゃない。
それを良しとしてくれたり、欲しがってくれたりする場合は
入れることもあるけど。

基本は台本通りに。
だって、そのセリフは脚本家が俺と同じくらいのプライドを持って、
仕事として書いたもの。それを演じるのが俺の仕事。
そこに勝手に付け足したり変えたりするのは、
俺が脚本家だったら嫌だもんね。

だから、芝居の基本は
ちゃんとセリフを覚えていくこと。
これは大前提。

セリフをちゃんと覚えてこない人は、現場で集中できない。
スポーツ選手が体温めてない状態でいきなりプレーする、
みたいなモンだから、体も動かないし、感情も動かせない。
いい芝居するっていうところまで、全然到達しない。
そらで言えるようになって、一度忘れるくらいがいい。
特に会話の芝居は、相手がこうきたらこう返して、、、とガチガチに
シミュレーションしてても、相手の俳優さんが想像と全然違う感じ
で返してくることもある。だから、一度忘れる。
すると、セリフは出てくるんだけど、
どんな球が来ても柔軟に打ち返せるようになる。

マンツーマンで演技指導してくれた女優さんに言われたことで、
今も大事にしているのは、

自分自身を見つめること。

自分のことをよく知っていないと、芝居はできない。

20歳くらいまで「役者は歌なんて歌っちゃダメ、
プライベートも見せない、ミステリアスなほうが、
どんな役をやるにもいい」って言ってた。
にもかかわらず、レゲエやるわ、モデルやるわ、インスタライブやるわ、
毎年家族でハロウィン仮装やるわって事態になってて、、、。(笑)
でもね、何も考えずにそうなったのかと言えば、
そうじゃないんだよね。

俺のマネージャーの1人は、4歳から知ってるやつなんだけどね、
幼馴染みとして関係が始まって、
その後、いろいろありつつも一緒に仕事をするようになったんだけど、
そいつは俺が仕事を始めた頃は、
俺の出演作が見られなかったらしい。気恥ずかしくて。(笑)

でも映画『ピンポン』で、窪塚洋介じゃなく、
「ペコという存在として見ることができた」と聞いて、
「あ、俺これなら誰でもダマせるな」と思った。(笑)

ある意味人をダマす仕事じゃん？ 役者って。
俺のことを４歳から知っているやつに
役として見てもらえたんなら、他の人たちにそう見てもらうなんて
造作もないことだろうと思った。これはマジで大きな転機だった。

そこから自分のプライベートを出すことが怖くなくなったんだよね。

映画『沈黙－サイレンス－』でキチジローを見て、
俺のレゲエがアタマの中を流れたら、それは俺のせい。

ちゃんとキチジローとして画面の中に存在すればいい。

その作品の中で
圧倒的にその役であれば、
その役を生きられれば、
そこに懸けた思いや、
役者論なんて
取るに足りないこと。
"問答無用"ってやつ。

仕事の喜び

仕事でのオーガズムの瞬間

やりたいことを仕事にするってとき、

一番でかいのは、仕事をしていて喜びを感じること。

役者の仕事だと、初めて台本を読んだとき、

役作りをしてるとき、でき上がった作品を見るとき、

それが評価されて賞賛を受けるとき、ということに喜びがあっても、

俺の場合、究極のオーガズムはカチンコ鳴っている瞬間に

その芝居をして、その役を生きているっていうとき。

音楽はライブしてるとき。

それぞれの仕事でマックス値を感じる瞬間がある。

マックスを感じろ

このマックス値を感じられる瞬間って、

きっと仕事の種類や性格でもそれぞれ違って。

でも結局は、そのマックスをどれだけ感じられるか。

その仕事をしていて、どれだけ喜びを感じられるか、

その瞬間を逃さないってことがすげぇ重要。

人間関係はおろか、時間すら手の届かなくなる瞬間を生きる。

引退はない

俺は役者は一生続けてゆく。

もしボケちゃって、

「もうおじいちゃん、またセリフ忘れちゃって」とかなって、

周りに迷惑かけてる感じになっちゃったら、

そのときはやめたほうがいいかなとは思うけど。

だけど、夢を叶えてやりたいことを仕事にしたから、

もはや趣味みたいなところがあるのよね。

やりたいことを仕事にするときのメリットは、

それなのかもしれない。

やめたいとか、引退とか、そもそも思わないっていう。

だから一生できる。

それに喜びを持って向かい合える。

なにも役者や音楽、モデルに限ったことじゃなくて、

どんな仕事にもそんな喜びを感じられる瞬間が

必ずあるでしょう?

お金とか、他人の評価とか、そういうんじゃなくて、

自分の心が喜ぶということ。

そこを逃さなければどんな仕事でもハッピーに変わる。

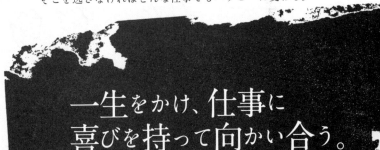

一生をかけ、仕事に
喜びを持って向かい合う。

ACTOR

役者

役を生きる者

俺は役者を始めた頃から
「その役を生きる」という
言い方をずっとしてる。

そこらへんの角からアイツが歩いてくるかもしれない、
ぐらいのリアリティを自分でも持つし、
みんなにもそれを信じさせるっていうぐらいの感覚でやる。

そうすると、やっぱ自分にも影響がある。
「役抜き」って言って、撮影が終わったら役を抜くんだけど、
それでも抜けない。抜き切れないこともあった。
そんなときはテレビゲームをやって
自分を空っぽにする作業をしたこともある。

それぐらい影響するモンだから、
俺は、あんな役をやりながら、こんな役もやるっていう、
掛け持ちっていうのを、ほぼやんない。
一つの役を始めて、終わって、そっから次っていう感じで。
まぁ、それでも完全にゼロにはならない。
特に、20代の前半くらいにやってた役っていうのは、
全部、俺の土台みたいになっちゃっているかも。
『GO』しかり、『ピンポン』しかり、『池袋ウエストゲートパーク』しかり。

それは染まったって話ではなく、
その役をやったから、俺自身がちょっと変わって、
その結果、違う役がやれるようになって。
で、それをやったらまた変わって。
その繰り返しでずっときてる感じ。
トカゲの脱皮みたいな成長の仕方。

もちろん、毎回役抜きはしてるから、
そんな一気に大きくは変わらないけど、
いろんな役を生きることで、
俺の中に蓄積されていく薄い層みたいなモンは確実にある。

常に自分の芯はブラさず。
そうして日々積み重ねられて
いった結果が、今の俺ってこと。
役者の神様がいるなら、
仰せのままにって。(笑)

役者は、ときにカッコつけたりする仕事。
殴り合いのケンカなんかしたことないのに、不良の役もやる。
台本には、そいつのカッコいい決めゼリフがあってさ、
カメラ位置に照明、録音、ヘアメイクもばっちりでそれをやるわけ。
カッコよく見えるに決まってるよね。
もちろん、そこで役者としてのスキルは問われる。
経験がないことを、あたかも自分がそういう人間であるかのように演じる。
だからこそ、浅はかだったり、薄っぺらく見えたりするんじゃないか？
そういう恐怖心は昔からあった。
だから職業病みたいに、逆にオフのときには演技をしないようにしていた。
どれだけニュートラルにいられるか？ って。

例えば、デートのとき、すごくいいシチュエーション作って、花をプレゼント！ とかって、カッコつけられない。

だから、役者じゃない人たちのほうが、
よっぽど人生のいろんな瞬間を演出できてるんじゃないかなって。
いいなって思うよ。

自分でなければ

唯一無二になるために

役者という仕事に限らず、
「誰でもいい」という存在から、
「この人じゃなきゃいけない」という存在になるには
どうしたらいいのか？
結局のところ、自分自身がどれだけ自分を知っているか。
社会的な評価は他者がすることだけど、自分がいったい何ができるのか、
俺はいったいナニモノかって、常に問い続けることが重要。

役のイメージ

俺がテレビに出演してた頃の印象が強いファンから、
「『IWGP』のキングみたいな役をやって欲しい」
というようなことを言われることも多々ある。
そう言ってもらえるのは嬉しいこと。
渥美清さんの「寅さん」じゃないけど、
お客さんが役名で覚えてくれて、そう呼んでくれるのは、
光栄なこと。役者冥利に尽きる。
でも、ときにそれが邪魔になることもある。
諸刃の剣。
役のイメージが枷になることもある。

0のポジション

だから、常に自分の心の声を聞き、
意識的に「0」のポジションにいるようにしている。
もちろん俺の「0」のポジションも、
みんなのイメージとは違うはず。
でもそうすることで、100にもマイナス100にもいけるから。
そうやって、役の振り幅を大きくしたい。
カッコいい役もやれば、カッコ悪い役もやる。
悪いやつの役もやれば、いいやつの役もやる。
もちろん、頭がイカれている役ばかりでもない。
なんか俺、そういう印象が強いから。(笑)
今は、真逆の役をけっこう演じてる。

究極はね、
醜い天使と美しい悪魔の幅よ。

自分と向き合っているか?
それとも、染まっているのか。

【演技】は演じる技。
【芝居】は芝のように
自然にそこに居ること。

それなら俺は
【演技】よりも
【芝居】がしたい。

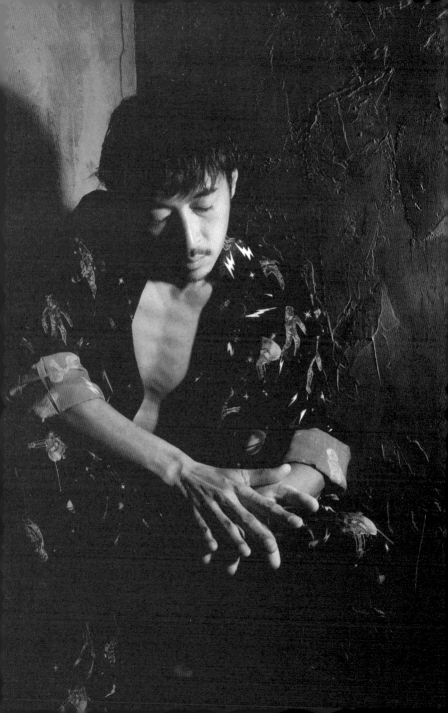

言いたいことも言えない そんな世の中なのか

ノイズを気にしない

炎上、中傷、脅かされる表現の自由。

自分の意見を言うことが難しい世の中で、

どうしたらブレずに自分の表現を貫けるのか？

結局のとこ、誹謗中傷してくる輩は、

こっちの状況や気持ちなんてお構いなしに言いたいことを気にせず言う。

そんなのにビビって、

自分が信念を持って表現することを遠慮する必要なんてない。

深く考えもせず口汚く罵るだけのやつらが好き放題喋ってて、

信念持って表現するやつらが口を閉じる。

そんなのもったいないでしょ。

ちょっとノイズがうるせーなって、

そんくらいで自由にやればいいよ。

呪いは自分に返る

言いたいことは言えばいい。

絶対に口にしてはいけない"心の声"なんてナイ。

誹謗や中傷、クソみたいな言葉を発していると、
そいつの人生は腐ってしまう。言葉って、言霊があるから。
呪いって自分に返ってくるもの。
愛とリスペクトのある言葉を出していれば、
結果として自分自身も輝いてくる。
クソみたいな言葉を発するやつらは
どうせクソみたいになるから、気にしなくてよろし。

刀は抜いてこそ

俺の場合、言動でスポンサー飛んだりして、
ダメージもあったかもしれないけど、
それも承知のうえで俺と一緒にいてくれる、
自由への理解、リスペクトがあるチームを作れてる。
だから心から感謝と信頼をしている。
自由にはもちろん責任やリスクも生じるけど、俺は表現者。
ビビってちゃ、伝家の宝刀も錆びちまう。
好き勝手やるってことじゃないよ？
何度も言うけど"バランス"ね。

"生き様"というのが
究極の自己表現。

STREET

原宿

あの時代の空気

19歳で上京。
24歳で横須賀に戻ったから、東京には5年住んでた。
東京に住んでいた頃は、
10代のフラストレーションだとか、とった助走、
大人たちへの憧れとか、描いた夢。
そういう、いろんなことをエネルギーにしながら、
毎日毎日、スポンジみたいにすべてを吸い込んだ。

当時は、いわゆる"裏原"の最盛期で、
あの時代の原宿に、その主役であるみんなと一緒にいられたことは、
俺にとって、すごい財産。

今の自分をも支えてくれる、大きな原動力のひとつになっている。

毎日がピカピカに楽しくて、朝から晩までキラキラしてて、
仲間の事務所とかクラブとかで
いろんな人を紹介してもらったな、
知り合ってすぐに
「明日ヒマ? 店に遊びに来なよ」みたいな感じで、
バーッとみんなと繋がって今に至る。

俺がマンションから落っこちたとき、
サーッといなくなった業界の人たちはたくさんいたけど、
変わんなかったのがあそこにいた人たちだった。
まぁ今もいるんだけど。(笑)

カッコよさってなんだろう。

安いボロボロの服なのに、超カッコよく見える人って、
ジャマイカに多くて。

右足と左足でバラバラの靴を履いて、
もうなんだったらサイズも違ってんじゃねぇかみたいな。
でもそれがなんかカッコよくて。
父親からもらったジャンパー羽織って、
派手なシャツをインして、穴の開いてそうなハンチングかぶって、
それで、なんで、あんなにカッコいいんですかと。

やっぱそいつが
いるんだろうね。
そこに、
ちゃんと「自分」が、いる。

だから中堅の俳優とかアーティストて呼んでもらえるようになって、
綺麗な衣装着せて貰えるようになっても、
まだ猿真似にしか見えない奴らより遥かにカッコいいんだよね。

何を着るか、じゃなくて
誰が着るか、どう着るか。

全身作業着だって、
カッコいいやつはカッコいいわけだし。
逆に、いくらブランドの服着ててもカッコ悪いの、いくらでもいる。
自分らしさをどこまで突き詰めるか。

そこに見えてくるのって、
そいつの生き様
ってことなんだろうね。

余談だけど、昔に見たテレビ（もう民放は25年ほど見てない）で、
海外から来た出稼ぎの職人さんが、
本のしおりをページに入れるのを手作業でやってて。
パッパッて挟んでいくんだけど、ビビんのが、全部同じページなの。
あと、ドラム缶を移動させる仕事で、
パンパンに重いドラム缶を投げて転がすんだけど、カーブさせたり、
挙げ句の果てにS字いっちゃったりとかして、
超コントロールしながら決まった場所に運んじゃうの。
自分の仕事に誇りを持って、
スキルを極めていくことのカッコよさを感じた。余談ね。

外見は内面の一番外側

俺がプロデュースしたアイテムの宣伝文句にもなってる。

内面が一番外に出てるとこが外見だから。
何を着るとか、どういう髪型にするとかって、
結局はそいつの内面ってこと。
だから外見だけで何もわかんねぇってわけじゃない。

結局のとこ、
「オルァ」って自分がいれば、
それなりに見える
っていうこともあるし。

安い服でもこの人が着ているとカッコいいとか、
高い服でもこいつが着ているとカッコ悪いとか、

そういうのって、気持ちも影響してるとも思うよね。

俺自身の最近のファッションで言うと、35歳ぐらいから
ディオールさんきっかけで、ハイブランドとの仕事が増えてきて。

それまではどっちかっていうと、ストリート好きだから、
ハイブランドに対してちょっとアンチぐらいの感じだった。
高くて手にできないし、ハイブランドをむやみに否定してた。

でも、2017年にルイ・ヴィトンとシュプリームがコラボしたことって、
俺にとっても、ストリートにとっても、革命的だったと思う。
実は20代の初め頃から、俺はストリートとハイブランドが融合すれば
いいのにと思ってたんだよ、マジで。

今はそこがミックスになってきてるから、
コーディネートでも混ぜられるようになった。
そうすると、自分の気持ち的なバランスもちょうどいいわ。

"圧倒的オーラ"大安売りの時代、
石を投げれば
"圧倒的オーラ"に当たる、
一億総"圧倒的オーラ"、、、
板の上に並べれば一目瞭然。
だったら、誰が着るか？
どう着るか？ でしょ。

BALANCE

調和

する必要と、しない必要

これまでの戦い方にそれなりの変化があり、
可能な限り、

「見えない、
見えずらいモノを見て、
聞こえない、
聞こえずらい音／声を聞き、
言わずに伝える。」
という根底のスローガンがある。

素敵な豪華もあれば、
不細工な質素もあることを踏まえると、
高級品は嫌いだ。という薄っぺらいプライドなんて
屁の突っ張りにもならない。

肉を食べるな！ と他者に強要したり、
迎合するな！ とケータイを使ったりする。

ダサいということは、
バランスが取れていない
ということなのかもしれない。

自分自身の、自分と他者とのバランス。

己が己でいられるのなら、
棲む場所は山奥だろうが都心の駅前だろうが構わないはずだ。

自分という世界の真ん中で
バランスを取り続けろ！！！

モテるには

いろんなモテ方

モテるっつっても、いろんなパターンがあって。

ベタだけど、見てくれがカッコいい人、

見てくれはカッコいいとかじゃないけど生き方がカッコいい人、

お金を稼いでる人、とにかく優しい人、

ムキムキな人、頭が切れる人、

そうやっていろんなタイプの人がいて、

それぞれを好きって思う人がいる。

デブ専もジジ専もいる。

だから、万人にモテるっていう黄金律はない。

カッコいいやつの条件

だから「このスタイルがモテる！ 鉄板です！」っていう

具体的なカタチはないと思うけど、

モテる心得みたいなのはある気がする。

やっぱり自分のやりたいことをやっている人、

自分のスタイルを持って生きてる人がモテるんじゃないかな。

俺の周りのモテるやつらは、性別関係なく一人残らずそういうやつ。

モテるためにできること

じゃあ、そんなモテるやつになるためには、
どうすればいいのか？
「自分のやりたいこと」「自分のスタイル」って、
その人によって違うから、こう！ とは言えない。
とことん自分自身の声を聞いて、
そこで決めた生き方を徹底していくこと。
それをやり続けてさえいれば、やりたいことをやれてる
自分ってのに、どんどん近づいていける。
その結果、どうなるか？
自分のやりたいことをやれてるし、
モテるし、お金も稼げてるし、
ハッピーになる可能性が上がるってこと。
自分を信じて一歩を踏み出し続けろってこと。

万人ではなく
自分自身に刺さる
己になれ。

女性とうまく付き合う心得

男と女の違いを知る

「なんでこいつわかってくれないんだろう？」
「結婚したら別人みたいになっちゃった」
なんて不満を持つ世の既婚者/男性のみんな。
女性はホルモンバランスが男性と違うから、
男性よりも心の中に波風が立ちやすいんだよ。
必ずしも、君のことを嫌いになったわけではない。

知ることで許せる

生物の仕組みとして、女性のほうが
男性よりも心の中に浮き沈みがあるっていうのを
理解しておけば、
「こいつなんで今こんな態度なんだろう」とか、
「なんか冷てぇなぁ」とか、「荒いな」とか、「ムカつくな」
みたいなことを許せるようになる。知らなかったら、そこで止まる。
「こいつなんかムカつくな」で思考が止まっちゃう。
そうすると小言の言い合いみたいになって、
だんだん火種が大きくなってきちゃう。
「俺だってなあ！」って。

ゲームと捉える

俺もそんなこと、40くらいになって、
ちゃんと理解できた。
こういうこと、学校で教えといてくれたらよかったのにな。
結婚って、他人が家族になるってこと。
そしたら、なるべく相手を許す、受け入れることに
集中したほうがハッピーになれる。
それは、どっちの意見が正しいかじゃなく、
お互いがどれだけ許せるか、
どれだけ腹立たないようにできるか。
そうやってゲームみたいに捉えた瞬間、
結局は相手ではなく、自分自身の問題になってくる。
要は、人のせいにしないってこと。
結婚するまでは両目を開けてお互いを見つめ合い、
結婚してからは片目は閉じて許し合う。
抗わず、受け入れる。
愛と幸せの儀式。
違って当然で、だから面白いんだから。

どれだけ相手を
許せるか。
それが愛のカタチ。

OUTSIDER

不良

まぁどっちでもないんだけど。(笑)

世の中で良しとされてることを 良くないとすること。

俺はガキの頃から別に不良として生きてきたわけじゃないけど、
結果として社会って狂ってんだと思って、そのアンチになっただけ。

若い頃、まあまあ真面目に社会に接してたけど、
「なんだよこれ、ふざけんな自分のスタイルでやろう」ってなった。
だから、決して自分を不良だとは思ってないけど、
信念や、自らが大切にしていること、聖域が侵されそうになったときは
中指を立て、声を上げて反抗した。
それが定義なんだったら、俺は不良なのかもしれないね。

いやぁしかし、当時の俺からしたら
ブルっちゃうようなバリバリの不良も、
それぞれの理由でバランス取り損ねて、
この狂った社会の"有良"な歯車になったりするんだもんなぁ。

世の中の枠組みとか
常識とかって、
あってないようなもの。

だから、怒られるかもしれないけど、
新幹線とか飛行機とかで「マスクつけてください」って言われても、
「あぁすいません、持ってない」って言ってた。
じゃあこれしてくださいってマスク渡されても、
「すいません、耳痛くなっちゃうから、
喋らないのでつけなくていいですか」って。
「手指のアルコール消毒おねがいします」
「すいませんアレルギーだから」って。
何度か間違えて「中毒なんで」て言っちゃったことあるけど。(笑)
「え!?」って言ってた。(笑)

そんなときでも、「うっせぇオラ!」とかは言わない、
子どもの頃はそういうのも不良って思ってたけど。
それはただ駄々をこねてる大きい子どもみたいなものだから、
それはもはや恥ずかしいよな。

俺の周りの人だって、
社会にいる大多数の人たちのフィルターで見たら、

まぁ、ゴリゴリ不良。

でも、話してみると、カッコいいしすごく優しい人が多い。
飲み会とかで、「あれ、俺だけタトゥーない」とかあるけど、
彼らはそんなこと、別に気にもしてないし、
普通に肩組んで仲良く飲める。
翌日、「最高だったね」って言って笑ってる。

そういう人たちが、
あの3.11のときに秒で助けに動いたのも見てるし。

不良の定義ってなんなん？
見た目？ 気持ち？

悪魔のように悪い
根っから腐った奴等は、
社会に紛れてるよね。
見つけづらい。

フラットな思考で出会う

仲間と出会うための心構え

ありがたいことに、やりたいこと、好きなことを共に楽しみながら、
支えてくれる仲間が周りにいてくれてる。
そんなやつらとどうやって出会ってきたか。
幼馴染み、同級生、パイセン、後輩、親友、連れ。
まぁでもベースとなるのは、フラットな思考。中庸の立ち位置。
先輩とか後輩とか、年上、年下、人種に男女、いろんな違いを一回
リセットしてフラットに人と繋がること。人には上も下もない。
誰が偉いか、偉くないか? そんなものはホントは存在しない。
そこを勘違いしてバイアスがかかってると、天狗になったりするし、
平伏したりする。自分の考えに意固地になると、
出会いの縁もネジれてもったいない。

礼儀ありき

もちろん、上下がないってことと、無礼とは話が違うけどね。
先輩は敬う。そこは俺もしっかり仕込んでいただいた。
でも、後輩もリスペクトする。

フラットに見るための感覚

まずは腹の下のほう、丹田に重心のあるイメージで、
ゆらりとバランスを取る。
そして頭はクールに。自分の頭がアツいときこそ、
そこにバイアスがかかってないのかって気にかける。
いろんな角度で見れてんのかな？
相手はどんな角度で見てんのかな？
俺がベースにしてる考えってなんだろう？
相手がベースにしてる考えってなんだろう？
みんなそれぞれ違う人生をそこまで歩んできてる。
正解もそれぞれ。現実もそれぞれ。
出会いって、その経験や考え方に触れ合えるチャンスだ。
そうやって常にフラットに物事を見続け、
リスペクトを忘れずに、人や出来事との出会いに感謝をする。
自らの好奇心を大切にして、自分のやりたいことに真摯に向き
合っていると、自然と仲間は集まってくる。
それは一瞬の出来事。
ありのままの俺を好きになってくれたらラッキー。
ありのままの彼を彼女を好きになれたらラッキー。
仲間や友になれなかったら、しゃあなし。

上も下もない。
だから深く繋がる縁がある。

内なる声に耳を傾け、
巡る縁に感謝を。
自分にしか語れない、
その物語の主人公は自分。
あらゆる偶然は全て
運命であって必然。
全ての瞬間は
ドラマティックといえる。
だから、
日々感謝をし続ける。

BACK STORY OF
放尿
なぜこのタイトルになったか。

『放尿』制作のとき、タイトルがなかなか決まらなくて。

最後、仕上げにかかるとき、当時の横須賀の俺ん家で、
編集者の洋平と一緒にタイトル考えてたんだ。

結構難航してて、
洋平とも初めて意見がぶつかる感じになってたときに、
俺、トイレに行って、おしっこしながら思いついちゃった。

ニヤニヤしながら部屋に戻ったら、

「なんか子どもがおもしろいイタズラ
思いついたみたいな顔してますけど」

「、、、放尿は!?」つって。(笑)

その場でデザイナーに、
「ちょっと表紙にあて込んでみて！」

パンチ力あるけど、まだちょっと足りねぇなってなって、

そこで帯に「出たよ！」って入れたら、
おお、これじゃね？ て。
一同、最高だなってなったんだ。(笑)

俺らの中で、行き当たりばったりで最高にイカしたタイトルが
仕上がったんだ。
ただ、後日、出版社の営業担当さんが

「ふざけないでください」
って猛反発してきたんだって。

「窪塚洋介自伝」ってカタチなら売りやすいのに、
「放尿 出たよ！」だと、
女性ファンが誰も買えないじゃないか、て。

営業担当と洋平が話し合う、みたいになって、
結果、通ったんだけど、結構難航したんだよね。

それで出版したあと、
Amazonでランキングとかどんなもんなのかなって思って、
『放尿』って検索したら、エロビデオみたいの出てきて。
それが俺の本の前に何冊も並んでる、みたいな。(笑)

「あ、これか！ 心配してたの！」って。
具体的に言ってほしかったわー。

まぁでも、そのタイトルのせい、いや、おかげで、
２ちゃんねるとか、いろんなサイトでスレッドが立って、
「著者と編集者でタイトルが決まるときのいきさつ」とか、
「書店で女性が買うときのシミュレーション」とかを、
みんな思い思いに想像して書いてくれたりして盛り上がった。

それで話題になってくれて、
結果オーライだった。

結果が出ちゃえば、営業の人も、
「あれはタイトルがよかった」なんて言い出す始末。

「おもしろい！」って悪ノリだったけど、

「全て計算通りです」っつって。
結果よければ全てヨシ！
このパターンの典型的なやつ！（笑）

発想の蓋の外し方

まずはインプット

仕事や人生の中で、
常識に縛られない新しい発想はどうやって生まれるのか。

俺の場合、まずはインプットすることから始まる。
考え感じて、学び、自分の中の世界を豊かにする。
芝居をするときって、結局自分の中にあるものを使ったり、
繋ぎ合わせて、その役やシチュエーションとリンクさせてる。
空っぽな中身だと、台本通りにやっても空っぽになる。
それは、人生や仕事の中で発想が必要になったときも同じ。
とにかくいろんなことをインプットして、
豊かにしておくこと。常に。

自分っていう鍋の中に、素材をとにかくぶち込み続ける。
昔から入れてた素材は秘伝のタレみたいになってゆく。

アホな発想最高！

今じゃ当たり前に空を飛んでる飛行機だって、
世の中の多くの人に荒唐無稽と思われてた。

多くのやつらが「あいつ何言ってんだ？」
ってバカにされてた。
でも、そういうアホな発想をマジでやったやつが、
時代を切り開いてきた。
だから「この発想アホだなー」とか思ったら、
それってマジでナイスアイデアの予感、
感じていいと思うんだよね。

発酵させたり、熟成したりする時も必要だけど、
出し惜しみせず、深掘りせず、
アイデア楽しむのもいいもんだと思うよ。

クソガキが
イタズラするつもりで、
発想してみる。

バカにされるくらいが
おもしろい。
我慢してやりたくないコト
10年頑張ったことよりも、
今、やりたいことを
1年やるほうが
大事だと思う。

FLOW

流れ

流派、流儀、流行

作家の遠藤周作さんが仰ったように、

「理想的に"人生のため"だけでは
生きられず、
現実的に"生活のため"だけでも
生きられない。」

俺たちはそういう生き物。

「やがて時が経ち、突然、
黄昏の静かな光の中で
見直した絵画のように、
思いがけない影をともなって
浮かび上がる。」

一歩踏み出せば世界が変わるってのは真実だからさ、
必要なのは、そこに踏み出せるかどうかの勇気だけ。

俺も「なんでレゲエやんの!?」みたいに言われたけど。

そこに山があるから登りますとかじゃない。
その山登んないと道がないって感じだった。

そこまで自分を追い込む。というより、追い込まれてた。
踏み出さざるを得ない。他にはチョイスがない。
ある意味幸運だったんだ。

一方通行の片道切符
タダでもらって、
「行けるところまで行ってみろ」
って言われてるのが人生なのに、
ぜんぶ場内でいいの？ みたいな。
そこまだ同じ駅じゃね？ みたいな。

もったいないよね。（笑）

せめて隣の駅くらい行ったら？ ってこと。

「一歩踏み出して元に戻れなかったらどうするんですか」って？

そもそも帰り道なんかねぇよ。

俺も「あぁ、あんなことあったな」とか、
「あの頃も楽しかったけど、今も楽しいな」
ってなるために振り返ったりすることあるけど、
決して、過去に戻りたいとかじゃないから。

そもそも、
いまだかつて過去に戻れた
ためしがあったかい？

「やらないで後悔するなら、
やって反省しろ！！」

流れとは

自然体で生きるために

自然体で生きていこうとしたとき、
世の中の流れに逆らわずに生きるのがいいのか、
それとも、世の中の流れに逆らうのがいいのか、
大切なのは、決め込まないこと。
決め込んじゃうと、どこかに無理が出てくる。
【無理】って、理屈、道理、真理が無いってこと。
無理をすれば、どこか歪みが生じるし、
チカラが変な角度で入ってるから、自然なチカラも出せない。

流れの種類

俺が思うに、流れっていくつもあって。
人の世の流れ、自分の流れ、他者の流れ、自然の流れ。
で、どの流れに乗るかっていうのを、そんときの心に従う。
世の中の流れが、自分の中の自然な流れにシンクロしたら
乗ればいいし、違ったら、周りを気にせず乗らなければいい。

流れを使いこなす

魚だって、海流に乗って大移動するときもあるし、

川の流れに逆らって上ってくときもある。

まさにケースバイケース。

そういう種類だろってツッコミも入れつつ。

ただし、流れに乗ることと、流されることは違う。

スゲー大事なのは、自分自身の芯の部分で流れを感じること。

そしてそれが「自分の人生」だってことを見失わずにいること。

自分の人生に世の中の流れが関係ないときもあるし、

逆に、スゲー関係あるときもある。

それって結局どっちなん? 中途半端じゃん、

って思うかもしんないけど、

結局のところは、矛盾を内包する己の懐の深さなんじゃねぇかな。

外の流れと内の流れとの調律をはかる。

時に柔らかく固く、深く浅くってこと。

ずっと言ってきてることだから

今更だよね?

流されるのではなく、内外の流れを感じて、自らの意志で乗る。

行動のエンジン とガソリン

まずはアクセル

やってみたいこと、挑戦したい仕事や夢。

何かをスタートさせたいのに、なかなか行動に結びつかないとき、

どうしたら行動ができるのか？

大切なのは綿密な準備よりも、

まずはエンジンに火を入れて、アクセルを踏んでみること。

やる気のネジを巻き上げること。

道なんて動き出してから調べればいい。

ガソリンはあとから足す

俺たちの心のエンジンは、

ワクワクしたら動く。

エンジンが動くのに必要な最初のガソリンって、

その気持ちなんだよ。それだけあればいい。

好きでいられればガソリンは注ぎ足されていく。

初めて燃え上がった青い火を消さなきゃいい。

過程を楽しむ

⓪今の自分に必要がない、
　役に立たないモノ、コト、ヒトを削ぎ落とす。
※ 断捨離／デトックス

① ワクワクに素直に、喜びに素直に生きる。
② それに従い情熱的に行動。
③ 結果にとらわれず、過程を楽しみ抜く。
④ ①〜③を繰り返す。

これで結果がついてくるなら超ラッキー。
だって①〜③が一番大切なパートだから。
でも同志諸君、
犯罪沙汰で大切な人を悲しませるのはやめてくれよな！（笑）

魂に火を灯し、死ぬまで真っ直ぐいけるネジを巻く。

やりたいことがあるなら、

とにかく一歩。

とりあえず踏み出せ。

考えるのは
そっからでいい。
とにかく感じろ。

THANKS ALL

感謝

すべては良くなるため

すべてが良くなるために
起こってるってこと。

たとえ今がどんな時代でも、どんなことが起こってても、
すべて、我々がより良くなるために起こっていると捉える。

俺この間、生まれて初めて盗難にあって。
酔っ払ってなにわ筋で寝てたら全部取られちゃった。
財布、携帯、鍵。免許証。etc…
事後処理がめちゃくちゃ面倒くさかったけど、
そんな出来事も、
「あ、これはきっと何かが良くなるために起こってるんだな」
って思うことで、むしろ感謝することで、
それを引きずらないで次の日を迎えられたんだ。

小さいときって、その大切さにあんまり気づけない。
でも、大人になってみると、
それがあるかないかでだいぶ違ってくるんだよね。
ひとつひとつの出来事に、
ありがとうって気持ちを抱けるかどうかで、
その先がめちゃくちゃ変わる。

ガキの頃にもたまに、「感謝しろ」とか言われて、
意味もしっかりわかってなかったけど、
この歳まで生きてると、腑に落ちてくる。
ホントそうだな、て。

それは人もそうだけど、
出来事とか、あらゆるモノやコトに対しても。

もっと言うと、
「生きているだけで感謝」
っていうのが大前提にあるのと
ないのとで、大きく違う。

逆に不平不満ばっかり言ってたら、
悪い部分だけが目についちゃうようになる。
そういう結果的に不幸体質の人ってもったいないよね。
それって、気持ちひとつ。
マインドのスイッチじゃん。
お金を支払う必要も時間をかける必要もなくて。
そういう考え方にするというだけの作業だから。

みんなでそっちに
チューニングしていけたら、
もっと素敵な世の中に
なるんじゃねぇかな。

メディアとかも、本当に影響力があるから、
救世主になり得る媒体でもある。メディアはメシアね。
けどテレビとかじゃ、ネガティブなことばっかり
ずっと言ってるんでしょ？
誰かが傷ついてたり、誰かが不幸な目にあっていたりすること
ばっかりを知りたがるっていうのは人間の性かもしれないけど。
メディアって社会の川上、社会の泉の源泉にかなり近いところにある。
そこから汚物を流すから、
その下の、我々の社会がどんどん汚れてゆく。
その成れの果てみたいな世の中になっていると思う。

でも、そんな現状すらも良くなるために起こっている。と捉える。
どこかでリバウンド起こして変化が生まれるのか、
革命が起きるのか、天変地異の呼び水になるのか、
だから一人一人が覚醒しやすくなっているのかわかんないけど、
何か良き変化のきっかけになるはず。

過去は今が変える 今が未来を変える

過去を最高にする方法

人生のトラブル、最悪な出来事があったとき、
どうしたら乗り越えられるのか。
どんな過去だって、今を最高にすれば、
その過去があったから、結果、最高だったってことになる。
さっきも言ったけどね。
目玉は前向きについてるから、
この人生どこまで最高の更新が出来るか。

実は時系列の逆

過去が今を作って、今は未来を作るって、
時系列で考えたらそうじゃんってなるけど、
実は逆だってことに気づいて。
最悪な過去が今を作るなら、
今も未来も、ずっと最悪ってことになる。
そんなの、一発何かヤバいことあったら終わりじゃん。
それって無理ゲーっていうか、クソゲーじゃない？

新しい人生

マンションから落っこちた当時は最悪だったけど、
あるとき気づいたんだ。
俺は落っこちたんじゃなくて、あの瞬間、
新しい人生に飛び込んだんだって。
事実、あっこからレッドカーペットまで、地続きで繋がってた。

今を最高に生きていることで、過去の最悪なことも、
「あぁ、あれがあったからこそ。おかげさんで」と言える。

だから、過去に何があろうと、
昨日が最悪だったとしても、
「今を最高にする」この心がけのみでいい。
『今、この場所』しかないんだよ。
俺らがどうこうできるのはさ。
んで、たとえ今がしんどくて最悪でも、
明日の自分が最高になってれば、それでヨシ。無問題。
これからの人生、今日が一番若い。
すべて考え方次第！！

「せいで」って言葉を
「おかげさんで」って
言葉に変えるだけでいい。

"開かれた、健やかで
穏やかな心"の繋がりで
社会が成り立っていると
想像してみる。
やーまん。
元気活力、安心安全、
希望夢中、平楽充実、
自然豊穣、万福招来で
幸せな文明文化に
生きてると仮定して、
過ごしてみる。
やーまん。
"幸せ"が服を着て
歩いているようだ。
と言われてみる。

仕事仲間に求めること

まずは伝えること

例えば一緒に仕事してるやつがサボってるてのは論外だけど、
足りないって場合。
「こいつに賭ける、こいつと一緒にやっていくんだ」って思うやつには、
言うようにする。それで、できなきゃしょうがないよね。諦める。
一緒にやらなきゃいいと思う。
ずっと愚痴言ってるだけじゃしょうがないし、不健康になっちゃう。
まぁ「バーカウンターの法則」で、
唯一無二のこのパーティーの
かけがえのないメンバーとして扱って。

結果ではなく努力

まず信じるっていうのが大事な要素かな。
ウチの会社もある意味素人集団で、
最初はみんなダンゴで1個同じことやってたけど、
今はもうそれぞれの役割がある。

そうすると、
得意なことやってるから、そこでのびのびしてくれる。
あとは結果ではなく努力を褒める。
伸びシロしかないから、すごい成長力。
好きになって楽しんでやってくれれば結果はついて来る、はず。

仕事に必要なこと

仕事に必要なのって、学歴がどうのとかじゃない。
例えばマネージメントっていう仕事は、俺からすると、
まずそのタレント、役者を好きでいて欲しい。
その土台があってからの仕事の話になるから、
例えば東大出ててとかハーバード出ててとか、
めちゃくちゃ業界の経歴あっても、
俺のこと好きじゃなかったらできないんだもん。

あとはどーにかなる。はず。(笑)

チーム窪塚は
みんな俺を大好き。
、、、なはず。

結果、
残っている人が
ベストメンバーってこと。

LAST DAYS

アガリ

自分の幸せは自分で決めるもの

この先、
役者の仕事って
アガリってあるのかな。
それは天国に
アガるときじゃないかな。

例えば野球選手でいう、メジャーでホームランを打つとか、
これができたら、いったんはその世界でやり残したことはない、
みたいな。

それでいうと、
マジでファンだったマーティン・スコセッシの、
『沈黙ーサイレンスー』に出演できたとき、
これで終わりでもいいかなと正直思ったけど。
やっぱりアガれなかった。

幸せは自分の心で決めること。
そこは他人に評価を
求めないようにしないとな、
っていうのは常に考えてる。

ファンだった選手がメジャーリーグ行って、応援してたら
ホームラン1本目打って、
「これで思い残すことないっす、おつかれした！」
って言われたら、いやいやもうちょっと打ってよ、ってなるでしょ。

そう思うと限界まで、やり続ける、で、挑戦し続ける、
出し続けるってことが、やっぱり大事なのかなって思うよね。

特に俺らは、視聴率とか興行収入とか、
数字で出てくるものはあれど、
評価や節目がわかりずらい仕事でもある。
健康なら体力の限界もないから引退しづらい。

「誰かに褒められたから」とか、
「これだけの人数が認めてくれたから」とか、そういうことよりも、
自分がどうありたいか、何をやっていきたいか、
自分に問いかけながらやっていくっていうことのほうが、
やっぱり大事になるよね。
でないと、
「俺って幸せですか？　ねぇ？　幸せですよね？」
みたいなことになりかねない。
いやお前が決めろよっていう感じのことを、
みんな外に求めてる気がする。

こんだけ稼いでるから、とか、
こんだけ仕事してるから、とか、
そういういことではないじゃん。

基準の 置き場所

評価基準は己であれ

頑張っているのになかなか評価されないとき、どうしたらいいのか。

自分の評価基準を、他者の基準にすると、ブレる原因になる。

自らの目指す高みは、己で設定すること。

仕事にしても人生にしても、

誰かの評価を軸にすると、ブレる。

我のみぞ知る高み

葛飾北斎って、

有名な「冨嶽三十六景」を70歳超えて刊行した。

北斎は当時で言えばめちゃくちゃ長生きして、

88歳まで生きたけど、

死の間際にこう言い残したらしい。

「あと5年長生きできたら、真の絵描きになれたのに」って。

ヤバくね?

衣食住にもお金にも無頓着。

これって、評価の軸を他人に置いてたら到底たどりつけない領域。
北斎は、常に自分の中での高みを目指し続けていた。
俺もそんな役者でありたいと言いたい人生だったけど
ムリだわ。(笑)

常に最高記録更新

今が最高なんだけど、
そうすると、明日は今より最高になるわけね。

だから、死ぬ直前はマジで最高の最高記録。
じゃあ、その最高記録って誰が決めるのかって、
それは結局、自分自身なわけ。
己の目指す道の終わりは己が決める。
そして決めた道を見据え、進む。
俺は行き当たりばったりだけど。(笑)
とにかく最高を毎日更新し続けながら進んでる。

周りをキョロつくなら
己にキョロつけ。

願わくば、
言葉になる前の概念で、自由に理解してください。
音と言葉で溶かす、境界線。

「心より
心を得んと心得て
心に迷う
心なりけり」
一遍上人

私は私、私は貴方。
私は私、貴方は私。

「私」という名の"槍の先端"は、
その天命の軌道、
纏わるその道の全うによって、
素材の純度を刻々と増してゆき、"硬化"し続けている。

その速度が、神速に近ずく過程では、
あらゆる"魔"や"罪"、"穢れ"、"不浄"、"災い"というものは、
燃える先端から剥がれ落ち、
"希望"や"感謝"、"幸運、幸福"となって、
切り裂く空気を震わせながら、陰陽を混濁する。

凍てつくほどに灼熱の、

その先端はいつしか、

我々の【意識】という、バケモノを串刺しながら

【心】の陰部にまで刺さり、弾ける。

その陰部こそ自分自身。

我々が薄皮一枚で共有する自分自身の本体。

"他者に見せる為の自分"を操る、

自分でも捉え切れない本当の自分。

そこにこそ"希望の種"を植える。

誰の為でもなく、何かに間に合わせるような、

「祈り」とともに。

祈る者はみな同じ目的地に向かって集まるんでしょう？

様々な道はあれど、登る山は同じ。

同じ場所に到達するのなら、辿る道は自由。

そのすべてが神の恩寵であり、

歴史の聖痕となるのだから。

頂には何が待つのか、
そこを見た者はあるか？
その場所は知らねども、
ここに立ちこめる空気がすでに予感させる。
我々の奥底に流れる大きな川の、大いなる命の川の流れを。

常に我々に語りかける、その声が聞こえるか？
目を閉じると訪れる"静寂"という名の、
ゴウゼン爆音の中で、
囁く宇宙の独り言。

「心より
心を得んと心得て
心に迷う
心なりけり」

和をもって尊しとなす。

本日も楽しんで参りましょう。
ご清聴ありがとうございました。
音楽は渥美幸裕、
語り窪塚洋介でした。

LOVE YOURSELF

自分のことが一番好き。

まずは自分を愛すること。

マリリン・モンローだったか、
「自分がこれからなろうとしている自分に恋をする」
そんな気持ちをいつまでも持っていよう、て。

自分が自分のことを一番大好きで、それがあって初めて
家族だったり仲間だったり、はじめましての人だったり、
まだ見ぬ人だったりを好きになれる、愛せる。

いつも文句ばっか言っている人とか、
なんか満たされてないって言う人ってのは、
その大きなピースが欠落しているから、そういう発言をしがち。
不幸の悪循環。
だから、やっぱもう大前提で、
俺は俺のこと、一番大好きなんでって思ってたらいいじゃん。
人にわざわざ言う必要はないけどさ。

自分を愛したうえでの行動と、そうじゃないのは、東に向かって旅を始めるのと、西に向かって旅を始めるのくらい違うと思うから。

自分が自分であることを誇る、
みたいな。

思い込みでいい。

究極、そこには理由も要らなくて、それだけでいい。

生まれた時点で、何億匹の精子の頂点に立ってるわけよ。

そこをまずフィールして。

それだけでもちょっと自信になって、

自分のことを好きになれるでしょ？

そういう細かい積み重ねなのか、大きなマインドチェンジか

わかんないけど、変化が生じてゆく。

でも、大きいドアってほとんどないよ。

小さいドアの連続が大きいドアと化すことはあるけど。

１日１日の過ごし方を、ひとつひとつ、強引にでも、

少しずつ自信にしていけばいい。

自信を持ちすぎたことによって横柄に傲慢になるんだったら、

それはまた考えたほうがいいけどね。（笑）

大阪の仲間に言われた話なんだけど、20年くらい前に、大阪のクラブ

に俺が遊びに行ったとき、その人に話しかけられたんだって、そしたら

「お前、誰に話しかけてるかわかってる？」

って言ったらしい。

俺、むちゃくちゃ嫌なやつだった。20年越しで謝ったよね。（笑）

そういう時期もあったけど、

今はそんなふうには生きてない。

みんな平等っていうか、人それぞれにオリジナル。

そこに適材適所だったり役割分担だったり、そういうものはあっても、

上下っていうのを設定したくないなと思ってる。

ジジイになったら、説教、自慢話、昔話はやめておけ

と尊敬する高田純次さんが仰っている。

心の栄養

娯楽に学ぶ

漫画、映画、音楽とかは、心の栄養として、
ものすごく大きい。それって、読みたくて読む、
観たくて観る、聴きたくて聴く。要は娯楽なんだけど、
それって、教科書や先生や親の言葉よりも響いて、
それが人生の指針、自分の中の核になってることって
たくさんあるじゃん。

実にするためには

もちろん、ただ漫画読んでればいいかって、
それはちょっと違うと思ってて。
常にアンテナ立ってないと、
そういうものからの学びも蓄積されない。
自分のチカラに変わっていかない。
グッときたらメモったり、調べたり、
そういうことを常に意識していれば、
漫画、映画、音楽以外もすべてのコトが学びになる。

唯一無二の主人公

俺らがガキの頃に思い描いていたヒーローとか、
今でもカッコいいやついるじゃん。
何かに悩んだとしても、
「あの主人公ならどうする？」
「そこいっとくでしょ」っていうのはあるよね。
俺ら全員、それぞれの人生の主人公だからさ、
自分の物語を紡いでいけるのは、
自分しかいないっていうことを
どれだけ認識して生きられるかってこと。

どういうストーリーにしたいか、
どう演じたいかって。

自分にとって
イケてる主人公であれ。

死ぬ直前に横になって、
「日常の幸せも不幸せも
カンケーないような、
他愛ない時間が何よりも
大切だった、、、」
て微笑んでる。
そんな"オチ"なんてのは
なくてもよくて、
振り返ればどのシーンも
"オチ"になるように生きる。

AGE

年齢

Beat Your Age

現在44歳。

ぶっちゃけ、あんまり歳を重ねた感覚がない。
思い込んでるとも言えるし、まじないをかけてるとも言える。

これは俺だからとか、芸能人だからとか、
そういう特殊な話じゃなくて、
年齢なんてただの数字だと心から思い込めたら、
どこのどいつでも、歳をとらなくなると思う。
少なくとも、その老いのスピードはすごく遅くなる。

英語だと "Just a number" っていう言い方があって、
ホントにただの数字ってこと。
例えば、2時間しか寝られなかったとしても、
「あぁよく寝た」って言って起きろ、と。
そしたら、「2時間」はただの数字になって、
よく寝られたような気持ちになる。

もちろんちゃんと寝るにこしたことはないのかもだけど、
考え方の練習をすれば、前向きにできることはたくさんある。
お金もかからないし。

すべての瞬間で、数字にとらわれず、惑わされず、
現況を自分の直感／腸で感じること。

もちろん、時と共に、
白髪が増えたり、ちょっと下っ腹が出てきたり、酒が弱くなったり、
普通に年齢を感じることもある。(笑)

あと変化といえば、昔よりも優しくなったかな。
人や世の中に対する目線が柔らかくなった。

昔はもっと、尖ってたというか荒んでた。
例えば、道で勝手に写真撮ってくるやつがいたとする。
それに対して、呼びつけて叱ってた。
「おい、てめぇ何勝手に撮ってんだよ!」って。

でも、今は

「あぁ、あいつが俺を、
無料で宣伝してくれてるんだな」

と思うようになったね。
まぁ家族一緒のときは「ゴメン、やめてくれる～?」て言うけど。
そう考えたら嫌な気持ちも起こらないし、毒を溜めなくていい。
まぁ、声かけてくれたら並んで一緒に写真撮るのにな、
とは思うけど。
こういうふうに思えたのは、
いろんなコトの積み重ねかな。

自分がじいさんになっても役者を続けているイメージ。
先日、クリント・イーストウッドの映画を観て、
ちょうどそんなことを考えていた。

自分がじいさんになっても役者続けてたら
「老いを受け入れました」とか言ってるのかな。
で、「今の自分が一番好きです」って言っていたい。

撮影中に亡くなったら
伝説だよな、とか。(笑)

最近の目標だと、ゴルフで80台出してみたい。
100切るとこに、ひとつの壁があったんだけど、
ちょっと前に93で終われて、そこの壁は越えられた。
それでも、4打の凡ミスってのを覚えてるわけ。
「あれなかったら80台なん?」って。
ってことは、80台になったとき、あのミスがなかったら、
パープレイの72打が見えてくるなって。
霧に隠れて、ずっと見えなかった100の向こう側。
バッと入ってみたら、霧がファーッと晴れて。
また奥には霧があんだけど、なるほど、この繰り返しね、と。
その向こうを見たいってなったし、
それができるっていう感じも持てたから。

役者でいうところの、ハリウッドの映画出たりとか、
Netflix London 出たりとかも、そういう感じだった。

「自分が幸せであること」の
優先度が、何よりも勝ってるから。

役者でのこれから先を言うなら、
海外作品の常連で活躍し続けるけど至ってマイペースで
変わらないって状況になれたら、次のフェーズという感じはある。

ただ、多分、そんなに貪欲にそれを求めてないんだと思う。
そうなったらいいな、ぐらい。

こないだ、ハリウッドのオファーをいただいて、
SFの超大作で4番手で呼んでくれて。
その役が4役分あるってなって。
すげぇでかい話で、条件もドンピシャだったの。
でもワクチン打たないとダメだと。
俺打ちたくなかったからさ。「じゃダメだわ」って言って諦めた。
20代だったら、その副作用や危険度がどんなものかわからなくても、
自分の身に何が起きても、打ってたと思う。
でも、今の俺は、それ以上に家族だったり、
今の生活のルーティンのほうが大事だから。

一攫千金みたいなノリでダイヤモンドを取りに行くんだったら、
「ここで鉄を拾っとくわ、楽しいし」って。

足るを知る。というか、まぁハングリーさはないね。(笑)

強がってるわけじゃないし、本当にそう思うんだよね。
逆に、20代にディスってたような仕事で、
今じゃやっているのもある。
それって俺がブレてるわけじゃなくて、芯は一緒。

木で言うと、前は細い木だったから、
「それはないわ」「範疇にないわ」つってたけど、
なんだかんだ、ちょっとずつ、俺っていう木が太くなって
年輪が増えた結果、許容できるようになった。
周りからいろんなこと言われるかもしれないけど、

それをやっても俺は俺だし、
やらなくても俺は俺だし。

俺は変わらないから、それで言いたいことがあるなら、
好きに言うがいいっていう風になってる。

前はビビってたんだよ。
「何か言われるかもしれない」
「こういうふうに思われるかもしれない」
「それが未来の仕事とかにも悪い影響を与えるかもしれない」

「かもしれない運転」をしてた。

今はもう「平気だろう」って。
まぁ、結局、
「だろう運転」なんだけど。（笑）

でも、
自信を持って
「だろう？」って言える。

年齢の
イメージ

重ねるイメージ

「歳をとる」って言葉って、ネガティブな、生命の輝きや
残り時間が減っていくイメージあるかもしれないけど、
若さっていう、あったものがなくなって、
どんどん失ってゆくんじゃなくて、
重ねて、磨いて、分厚くなってくイメージにしてみたら？
より豊かになってゆくような。

できることを数える

歳をとるってことをネガティブに捉えると、
実際にネガティブなことになっていく。
もちろん、若い頃にできたことができなくなる、
そういう場面もあるかもしれない。
でもさ、若い頃にはできなかったことで、
今ならできること何個ある？
めちゃくちゃあるんじゃない？

イメージのチカラ

人が生きてくうえで、イメージってマジで大切で。
自分自身で、失い、しぼみ、朽ちてゆくイメージを持てば、
その通りになっていく。
多くのモノを得て、満たされなくとも生きる時間に感謝する。
そのイメージを持てば、俺たちの命は、魅力を増す。

だから、年齢なんかを言い訳にせず、
瞬間瞬間の出来事を堪能すること。
いつも未来に希望を持っていれば、
年齢なんていうただの数字を
いちいち気にすることもなくなるし、
若さではなく、瑞々しさを得ることができる。
瞬間瞬間を愛でて、味わって、余韻にひたろうぜ。

心は歳の外にある。

時間は
これから先にしか流れない。
だから未来の俺より、
今日の俺が一番若い。

NOW HERE

今此処

NO WHERE

世界は意識の鏡写し//
共振共鳴作用で出来事は起こる
Resonance
【RESONANCE】

"意識"というものの
真価、進化、深化、
そして神化。

意識とはどこにあるのか？
心？ 脳？ 腸？

この問いは、
極端に言えば、
未来の為ではなく、もちろん過去の為でもなく、
今、奇跡的に在るこの生命体としての自分の、
在るべき姿、居るべき場所の為の問い。

各自が理解することで現れる
私たちが本当に生きるべき「今、此処」。

私たちはI＆I＆I（私と私と私）という
"個であって全"としての神（宇宙）が、
一見、思い通りにならぬ
運命のイタズラのような出来事も含めて「創造」し、
一度忘却してから始めたこの「人生ゲーム」のルールに則り、
肉体というアバターに精神／意識を乗せ、
現実という幻想を駆け抜けて真理に到達する、
言わば魂でコントロールする（バランスを取る）ゲームをしている。

この幻想という現実は、実はいつも常に完璧に整っている。
清濁を超越した視点で見れば、
あらゆる出来事（ガイド）を駆使して気づきを繰り返し、
真理を思い出せるか否か。
仏的に言えば解脱への道は、
ある意味魂の浄化の過程であり、
肉体という神殿に宿る精神／意識の悟りの境地とも言える。

（あくまでも個人的な経験からしか到達し得ない。
言葉としての理解が助けになることはあるかもしれないが、
あくまでも自分自身をこの宇宙と同義とする感覚は、
己の直感のみが導けるはずだ。）

過去は過ぎ去って
もうないのだから、
そこにあった栄光や後悔に
苛まれることはない。
そして、
未来はまだ来ていないのだから、
希望や不安に
思い煩うことはない。

私は「今、此処」にしか
居ないということ。

もうひとつのヒントは"手放す"こと、
諦めるのではなく、プライドやこだわりや思い込みを手放す。
羊と羊飼いは同じものだと知る。
結果よりも過程が大事。
他人への思いやり（飴と鞭）は大切だが、
他人との比較や同調は全く意味がない。
（究極的には自分と他人の区別はおろか、
自分と世界との壁も存在しないのだから。）

そこに流れる大いなるものに自分の全てを委ね信じ、
ただ在ることに感謝すること。

すべての出来事はこの魂が良くなるためのギフト。
それが腑に落ちたときには、
すでに栄光の扉は目の前で開き出している。

自分の中に見つけた答えを、
自分の外の世界で試してみよう。
自分と世界は本当は同じものだと気がつくはずだ。

どうするか？ ではなく、
どうあるか？

幸せになるのではなく、
今、幸せである。
なぜなら、すでに私たちは
それを手にしているし、
何より、
はじめから「私」なのだから。

「私」とは「仏」に毛が三本生えた状態なので、脱毛（妄）しましょうw

見失うほど愛し続け、
おかしくなるほど
見続けた、
夢の向こう側で皆さんに
ぶっとんだ感じで
語りかけております。

ADDITIONAL NOTE

～遠藤周作 生誕100年記念～
トークショー&「沈黙 −サイレンス−」上映会
登壇挨拶

遠藤周作 生誕100年ということで
お祝いに駆けつけさせて頂きました。

僕は2017年に公開になった、ハリウッドの巨匠、
マーティン・スコセッシ監督による映画『沈黙−サイレンス−』にて
メインキャストの一人キチジロー役で出演させて頂いた経緯から、
お声がけ頂いたものと思います。
運営の皆様、お招き頂きまして本当にありがとうございます。
心底光栄に思っております。

僕は正直に言いまして『沈黙』『海と毒薬』『深い河』、
狐狸庵先生名義のエッセイ、と数えるほどしか先生の作品を
読んでいませんが、それでも、先生が恐ろしいほどの洞察力と
正直さで、人間の本質を残酷なまでに言葉でえぐる様は、
どれほど自分自身と向かい合えば、
ここまでの言葉を選び、組み合わせ、勇気を持って
我々の心に落とし込むことができるのだろうかと驚愕します。
生きた時代や生きた環境が著しく違うという理由だけなのでしょうか?

例えば『海と毒薬』の勝呂の相方の言葉ですが、

「他人の眼、社会の罰が恐いのであって、
自身の良心の呵責が起こらないことが不気味」
不気味、、、思わず本を閉じ目を閉じて、
反芻せざるを得ないような言葉が散りばめられています。
共感してくださる方がいたら嬉しいのですが、
そのためになかなかページを繰れないことが多々あります。

大連で幼少期を過ごされ、戦後日本人で初めて2ヶ月の航海を経て
フランスに渡り戦犯国の留学生としてリヨン大に学び尚、
"合わない洋服"と語った「物心つく前に入信していたキリスト教」と、
その後のご自身との折り合いの付け方が、稀代の作家を生み出した
こともまた想像に難くないことではあります。。。

これは医師であり作家の夏川さんの言葉ですが、
"神を持たない日本人、良心を持たない日本人"を
書き続けた遠藤周作先生。

もしかしたら人が嫌いなのでは? と思いきや、狐狸庵山人という
とてもチャーミングな側面で、人の世を笑ってみせることができる。。
この二面性というか懐の深さが、作品を越えて特に魅力的です。

『深い河』で大津が
「神は存在ではなく働きです。ぼくは善と悪とをあまりにはっきり区別
できません。善のなかにも悪はひそみ、悪のなかにも良いことが
潜在していると思います。だからこそ、神は手品を使えるんです。
ぼくの罪さえ活用して、救いに向けてくださった」
と夕暮れのリヨンの街で、久しぶりの再会を果たした美津子に
話しますが、僕も"神は働きである"ということに全くもって
同じ見解です。

ADDITIONAL NOTE 〜遠藤周作 生誕100年記念〜 登壇挨拶

僕自身、家は仏教徒、本人は窪塚教徒ですが、"神"という言葉を使う
ときは、宇宙の理だったり、この世の真理、法則というようなものと
同義と捉えて使っているように思います。
大津はキリストのことを「たまねぎと呼んだっていい」と言いましたが、
僕も誰に教えられるわけでもなく、なんという名で呼んでみても、
それは変わらないもの、と思っておりました。
20代前半で出演した『GO』という作品の原作に"薔薇という名前を変
えてみても美しい香りはそのまま"という扉の言葉がありますが、
それも同じことを表しているのだと思います。

今の日本人は、ハロウィンをやってクリスマスをやって
年末年始に神社仏閣に参拝ができるほど"柳のようなしなやかさ"を
身につけました。裏を返せば海外の方や一神教の信徒の方々からは、
一貫性のない無神経な無神教徒と思われるかもしれません。
長いものに絡め取られるような感じで、根源的な不安感の原因を他人
と同じにすることで払拭する、ただ弱いモノのようですが、その根底
には、黙してただすべてに寄り添う八百万の神々という信仰が、
この遺伝子に組み込まれた故の"美意識"ということがあるから
なのかも、とも思います。

いいものはいい。好きなものは好き。私はこう生きる。ありがとう。
そういうもの同士が手を取り合い肩を叩き合いながら、尊重し合って
生きられる時代を作っていきたいです。国や通貨や宗教や性別や趣味や
趣向が違っても幸せを願う気持ちは同じですもんね?

『沈黙ーサイレンスー』で訪れた2015年の台湾、半年に及ぶ撮影でした。
マーティン・スコセッシ御大の立ち振る舞い、ハリウッドスターたち

の個性、僕自身の初のハリウッド作品の舞台の表と裏、
キチジローというマーティンの言葉を借りれば裏の主役という
立ち位置を演じた感想、遠藤先生の「キチジローは私です」という言葉
がどれほどの支えとなったかということ、など。
一晩では語り尽くせないこの作品に纏わるエピソードたちが
今この瞬間にも僕にたくさんのチカラをくれています。
ちなみに、『沈黙－サイレンス－』のキチジローの"配役的な立場"を
見事に説明しているのは『深い河』の大津だと気づきました。

そしてそして、これらと真逆に在るような
底抜けにチャーミングな狐狸庵山人の存在感。
前述もしましたがそのバランスの妙たるや、、、

踏まえて、
こんなことは簡単に口にするべきではないかもしれませんが、
先生とのご縁は僕が生まれる前からあったのではないか
とすら思います。
僕は先生の作品の端々に自分の芯や核の部分を見せつけられる。
そして、そこに在る言葉とそれが生まれた背景を思い、
より学び深く自分を知ってゆく手助けとなるのです。

清浄と不潔、神聖と卑猥、慈悲と残忍が混在しているこの世界。
"生活"と"人生"は違うこの世界で、
人は先生の筆に導かれ、様々な狭間で思わず背筋が寒くなったり、
思わずクスリと笑ったりしてしまいながら、
いつのまにやら始める自問自答の中で答えのような、
道標のようなものを見つけるのかもしれません。

スタートラインも
フィニッシュラインも
すべて自分の中に。

窪塚洋介の
人生攻略本

2024年1月12日　初版発行
2024年3月12日　第4刷発行

著者	窪塚洋介

デザイン	高橋"ERC"賢治
写真	緒方秀美
編集・制作	甲斐博和

発行者	北里洋平

発行	株式会社NORTH VILLAGE 〒150-0042 東京都渋谷区宇田川町32-7 HULIC & New UDAGAWA 3F TEL 03-6809-0949　www.northvillage.asia

発売	サンクチュアリ出版 〒113-0023 東京都文京区向丘2-14-9 TEL 03-5834-2507／FAX 03-5834-2508

印刷・製本	株式会社シナノパブリッシングプレス